최고의 교사는 온라인에서 어떻게 가르치는가

Teaching in the Online Classroom
효과적으로 상호작용하고 학습력을 높이는 수업 매뉴얼

최고의 교사는 온라인에서
어떻게 가르치는가

더그 레모브, TLAC 팀 지음 | 김은경 옮김

사라진 교실을 재현할 가르침의 기술

로드아일랜드 크랜스턴에 있는 일루미나 마요랄 아카데미 중학교의 에릭 스나이더(Eric Snider) 교사가 원격 영어 수업을 하는 영상에는 소소하지만 아름다운 순간들이 있다. 이 수업에서 학생들은 윌리엄스-가르시아(Williams-Garcia)의 소설 『어느 뜨거웠던 날들』을 읽는다.

에릭 교사는 학생들이 어려워하는 질문을 던진다. 이 질문을 하기 전 그는 비난하지 않는 말투로 차분하게 이런 말을 해 두었다. 많은 학생이 핵심 구절을 잘못 이해했으며 사실 답하기 어려운 질문이라고 말이다.

그러자 여러 학생들이 자발적으로 손을 든다.

"제임스, 고마워. 조지 고마워. 제이리 고마워." 에릭 교사는 학생이 손을 들 때마다 이렇게 말한다. 그는 자신들이 도전하는 모습을 선생님이 지켜보고 있다는 점을 느끼게 해준다. 그러자 더 많은 학생들이 손을 든다. "와우, 손을 든 친구들이 많네. 선생님은 이런 점을 높이 평가해."

그야말로 아름다운 순간이다. 누군가가 자신을 지켜봐 주고 있다는 느낌이 얼마나 중요한지 우리에게 상기시켜 주기 때문이다. 도전에 직면했을 때 취하는 행동을 높이 평가한다고 칭찬해 주면 학생이 최선을 다하는 데 동기부여가 된다. 이는 온라인에서 대화하든 직접 만나서 대화하든 마찬가지이다.

다른 사람을 관찰하는 행위는 사람의 행동에 영향을 준다. 그것이 미치는 영향에 대해 제임스 클리어(James Clear)는 『아주 작은 습관의 힘』에서 이렇게 썼다.

'인간의 신체는 약 1,100만 개의 감각 수용체를 가지고 있다. 이중 어림잡아 1,000만 개 정도가 시각적인 자극을 포착한다……. 우리가 보는 것에 작은 변화가 일어나면 우리가 하는 일에 큰 변화가 일어날 수 있다.' 그러니 좋은 본보기는 강력한 영향을 끼친다.

에릭 교사의 수업 영상은 차의 뒷좌석에 앉은 한 여학생이 교사가 던진 어려운 질문에 훌륭하고 설득력 있게 대답하며 끝난다. 정말 어려운 시기지만 이 여학생은 현실에 적응하고 최선을 다했다.

교사들 역시 스스로 어렵다고 여기는 일들을 하게 되었다. 아무 예고도 없이 낯선 세계로 이동하게 된 것이다. 이 세계에서 우리 교사들은 학생들과 원격으로 소통해야 한다. 이는 마치 교실 문의 열쇠 구멍을 통해 소통하는 것과 같다. 학생들은 이제 컴퓨터 화면의 한구석에 있는 작은 이미지로 보이며 때로는 안 보이기도 한다.

지난 몇 개월 동안 교육과 관련한 거의 모든 상황이 바뀌었다. 학생들에게 교사가 필요하다는 사실만 제외하고 말이다. 그래서 교사들은 학생들에게 가능한 한 빠르게, 효과적으로 다가가는 새로운 방법을 배워야 했다.

교사들이 그 방법을 배울 수 있도록 에릭 교사의 수업 영상을 보고 얻은 교훈을 이 책에 담았다. 우리는 실제 교사들의 온라인 수업 영상에 나오는 소소한 순간들을 보여주려고 한다.

또한 교사들이 원격 수업 혹은 원격 수업과 교실 수업을 혼합한 '뉴노멀(New Normal)'에 가능한 한 성공적으로 적응하도록 돕기 위해 통찰력을 공유하려 한다. 그리고 이러한 사례에 나오는 원리들을 살펴보려고 한다. 이 과정에서 이 책을 읽는 독자와 우리와 같은 일을 하는 교사들에게 감사한 마음을 보여주고 싶다.

아무도 세상을 이렇게 변화시켜 달라고 요청하지 않았지만 세상은 변했다. 이 사실은 교사에게 해야 할 일이 있다는 것을 의미한다. 이 책을 읽고 있는 독자라면 이를 깨닫고 수용할 것이다. 우리는 독자 여러분께 감사하며 여러분의 노력에 보답하고자 한다.

좋은 소식이 있다면 여러 교사들이 이처럼 어려운 현실에 뛰어들어 해야 할 일을 했다는 것이다. 뿐만 아니라 매일 맞닥뜨리는 원격 교육의 난제에 대한 해결책을 찾기 시작했다. 어려운 일이 생길 때마다 해결책을 찾는 교사들이 항상 존재한다.

뉴노멀을 마주하며

교육의 새로운 난제에 직면한 지금 이 사실을 기억하는 것이 중요하다. 줌(Zoom)에 대해 알 정도로 많은 것이 변했지만 여전히 많은 부분은 변함없다. 예전부터 있었던 교육과 관계의 기본 원칙들은 상당 부분 지금도 변함없다.

다만 지금은 더 열심히 찾아보거나 다른 장소에 있어야 그것을 볼 수 있다. 한 동료가 격리 생활에 대해 묘사할 때 쓴 말처럼 지금은 뉴노멀의 삶이다. 그러니까 이전과 완전히 다르면서도 적어도 익숙한 흔적이 존재하는 삶이다.

뉴노멀 시대가 시작되며 우리는 온라인 교실에서 많은 문제를 목격했다. 인터넷 연결이 안 되는 경우도 있고 인터넷 연결은 되지만 학생에게 인터넷에 접속할 기기가 없는 경우도 있다. 집 밖 복도에서 온라인 수업에 참여하는 학생이 있는가 하면 자녀를 무릎에 앉힌 채로 온라인 수업을 하는 교사도 있다.

하지만 우리는 할 수 있다는 태도를, 자신의 통제권을 벗어난 상황을 받아들여 문제를 해결하겠다는 태도를 더 많이 목격했다. 이러한 사람들은 대체로 뒤를 돌아보지 않으며 미래를 향해 나아간다.

이러한 태도에 담긴 절박함을, 상황이 어떠하든 지금 우리가 하는 일을 더 잘하는 것이 절대적으로 필요하다는 점을 이해하는 것이 중요하다.

브라운 대학교의 경제학자 에밀리 오스터(Emily Oster)는 최근 블로그 게시물에서[1] 동료 존 프리드먼(John Freidman)의 연구 자료를 이용해 향후 몇 년 간 우리의 교직 생활이 얼마나 엄중해질지 보여주었다. 프리

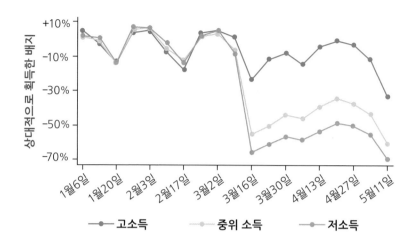

이미 지언을 사용한 학급들이 속한 학군의 소득 수준에 따른 학업 진척도

드먼은 온라인 수학 교육 플랫폼 지언(Zearn)에서 학생들의 학업 진척도에 대한 자료를 받았다. 그리고 그것을 그래프의 세로축에 표기하여 소득 수준별로 도표화했다.

이미 온라인 학습에 익숙했던 학생들을 기준으로 삼은 이 자료는 학생들이 지언의 플랫폼에서 성취 '배지'를 통해 진전을 이룬 비율이다(이 플랫폼에서 학생은 개별 디지털 수업을 완료하면 배지를 받고 자동으로 다음 수업으로 넘어간다 - 옮긴이).

이것은 완벽한 척도는 아니다. 첫째, 많은 학습이 선생님 얼굴을 보고 하는 원격 수업(실시간 수업)이 아니라 미리 제작된 자료를 바탕으로 하는 자가 학습(비실시간 수업)으로 이루어진다.

둘째, 이것은 이미 광범위한 원격 수업을 듣고 있던 학생들에 대한 자료이다. 따라서 이 학생들은 온라인 수업으로 전환되었을 때 다른 학생들보다 혼란스러움을 덜 느꼈을 것이다.

배지는 학습 정도를 측정하는 완벽한 척도는 아니다. 하지만 교실에서 멀어진 상태가 수많은 학생들에게 어떤 영향을 끼쳤는지 명확하게 측정해 보여주는 자료이다. 이를 바탕으로 우리는 소득별로 이 자료를 세분화하고 잠재적 차이와 불평등을 찾을 수 있었다. 이런 점에서 이 자료는 아주 유익하다.

오스터는 이렇게 썼다. '심지어 가장 잘 사는 지역(소득이 높은 지역)의 학생들이 획득한 배지도 약 10퍼센트 감소하였다. 이 현상은 최근 몇 주 사이 더 심해진 것으로 보인다. 중하위 소득 학군에 있는 학생들의 결과는 더 심각하다. 획득한 배지가 약 60퍼센트 감소한 것이다. 그러니까 이 학군에 있는 학생들은 교실에 있을 때 학습 속도의 절반도 안 되는 속도로 교과 과정을 밟고 있는 것이다.'

이처럼 상황이 시급하지만 우리는 '소소한' 수업 기법에 초점을 맞추려 한다. 결코 큰 문제들을 경시하려는 것은 아니다. 그럼에도 소소한 문제에 집중하는 것은 교사로서 매일 하는 행동을 향상시키기 위함이다.

우리가 집중하는 부분에 분명 긍정적인 측면이 있다. 이중 몇 가지는 온라인에서 더 효과적일 것이다. 어쩌면 일부 학생들은 온라인 수업에서 더 좋은 성과를 낼 것이다. 앞으로 배우게 되는 것들은 우리가 모든 상황에서 더 나은 교사가 되는 데 밑거름이 될 것이다. 또한 온라인 수업에서 얻은 몇몇 교훈은 전통적인 교실에도 적용할 수 있다. 우리는 여기서 얻은 교훈을 간과하지 않을 것이다.

그렇지만 우리가 교육에 관해 알고 있는 모든 것은 온라인 수업의 교육 효과가 덜할 것이라고 예견한다. 그 점을 명확하게 인지해야 한다. 더욱이 가장 우려스러운 점은 이미 걱정스러운 상태에 처한 학생들에게는 확실히 수업 효과가 낮을 것이라는 점이다. 그러니 모두 함께 노력해야 한다.

기자로 일하는 한 동료가 지난 4월에 격리되었을 때 우리에게 편지를 보냈다. 그는 편지에서 이렇게 물었다. '교사들이 공통적으로 느끼는 감정이 무엇이라고 생각하나요? 하루아침에 갑자기 미래에 당도했다는 생각에 흥분하나요? 아니면 좀더 냉소적인가요? 또다른 교사 교육은 받고 싶지 않다고 생각하나요?'

모두 아니다. 일반적인 교사들의 생각을 적절하게 요약하면 다음과 같다. '이건 두려운 상황이고, 나는 예전 세상으로, 나의 교실과 학생들이 있는 곳으로 돌아가고 싶다. 하지만 이건 현실이다. 학생들에겐 이 상황에 현명하게 대처하는 내가 필요하다. 그러니 최선을 다해야 한다.'

물론 많은 사람들의 의견을 손쉽게 설명할 수 있는 것은 아니다. 하지만 이 책은 우리처럼 이 상황을 선택하지 않았으나 어쨌든 현실에 직면하여 학생들을 잘 가르치고 이끌어주려 하는 교사들, 단순하고 반복 가능한 방식을 찾기로 결심한 교사들을 위한 것이다.

우리는 인류 진보의 신봉자가 아니다. 기술이 발전한 미래에 원활하고 매끄러운 자동화된 교육을 주제로 테드(TED) 강연을 하지 않을 것이다.

가능한 한 온라인 수업을
교실 수업과 비슷하게 하기

많은 교사들의 염원처럼 우리도 조만간 교실로 돌아가기를 바라면서 그동안 함께 교실에서 이루어지는 소소한 상호작용을 관찰하는 데 많은 시간을 보냈다. 교실은 학생들이 최선을 다하는 문화를 형성하는 데 적합한 공간으로 중요하기 때문이다.

교실은 '환한 거울'이다. 즉, 각자의 내면에서 최선을 이끌어낼 뿐만 아니라 더 나은 방향으로 변화시키는 문화로 학생들을 에워싸는 공간이다.

이상적인 학습 환경은 친구들이 '처음에 떠오른 생각'을 말하는 친구를 바라봐주는 교실이다. 친구들의 말에 귀를 기울이고 그 반응으로 의견을 제시하면 '이 생각'은 더 명확해진다. 친구들은 '이 생각'을 확장하고 다듬는 데 도움을 준다. 이렇게 되면 이것은 더 이상 한 친구의 생각이 아니라 집단의 사고가 된다. 공동의 노력으로 다 같이 공유하는, 더 깊이 있는 이해에 도달하게 된다.

인간은 주위의 다른 인간들을 관찰하고 반응하기 위해 정교하게 진화한 기계와 같은 존재이다. 그리하여 사회적 집단을 형성함으로써 종족으로 살아남았다. 우리는 사회적으로 함께 있을 때 긍정적인 문화에 반응하는, 두뇌에 내재된 모든 기능을 활용할 수 있다.

사실 교실 수업에서 제공되는 모든 것이 온라인 수업에서 제공될 수 있는 것은 아니다. 가령, 30명의 학생들이 서로의 말을 귀담아 듣거나 생각을 말로 표현했을 때의 반응을 생생히 느낄 수 있는 교실의 분위기를 온라인 교실에서 포착하지는 못한다.

그렇더라도 교사는 온라인 수업을 가능한 한 교실 수업과 비슷하게 만드는 것을 목표로 삼아야 한다. 이를 위해 학생들이 경청의 힘을 알고 책임감을 갖고 적극적으로 참여하도록 끌어당겨야 한다. 설령 그들이 책임감이라는 말을 긍정적으로 느끼지 못하더라도 말이다.

대부분의 학생들에게 온라인 학습의 경험이 교실 학습보다 덜 효과적일 것이다. 이 현상은 많은 학생들에게 나타날 수 있는데 그중 학습적으로 가장 취약한 학생들에게 큰 영향을 미칠 것이다. 이는 일종의 2차 교육적 팬데믹(pandemic)이다.

이에 맞서 싸우는 가장 좋은 방법은 수업 기법의 핵심에 집중하는 것이다. 이것은 학생들과의 소통을 형성하고 최대한 경험을 향상시키고 한계를 완화하는 기본적인 조치를 말한다.

'기본 원칙'이라는 말은 중요하다. 실제 교실에서 추구하던 것을 온라인 교실에서 추구해야 한다. 이러한 것들은 비교적 수월하고 쉽게 따라 할 수 있다. 학생들에게 더 풍부한 학습 경험을 만들어주기 위해 다시 이용되고 조정될 수 있다. 이는 시간을 쓸 가치가 있는 것들이다.

변화 관리를 다룬 책 『스위치』에서 칩 히스(Chip Heath)와 댄 히스(Dan Heath)가 말했듯 해결책의 크기가 항상 문제의 크기와 일치하는 것은 아니다. 작은 변화가 엄청난 영향을 끼치기도 한다. 우리는 이 책에서 이 부분에 초점을 맞추려고 노력했다.

궁극적으로 우리는 온라인 학습에 대해 실용주의자이다. 온라인 학습에 대한 야간의 회의론과 사람, 학생, 교사에 대한 깊은 믿음, 이 모든 것을 바탕으로 우리는 유용한 안내자가 되려고 한다. 아무리 우리가 회의적인 측면이 있다 해도 여기에는 몇 가지 긍정적인 면도 있다. 바로 스스로에 대한 새로운 면을 발견하고 온라인에서 가르치는 능력을 성장시킬 것이다. 이 부분에 대해서는 곧 논의할 것이다.

여기서 잠시 한 걸음 뒤로 물러서서 우리가 어떻게 이 책을 쓰게 되었는지 좀더 말해보려고 한다. 불과 몇 개월 전만 하더라도 전혀 구상하지 못했던 이 책을 말이다.

수업을 지켜보고
관찰하고 배우다

우리 역시 교육자라는 점을 언급해야겠다. 교육에 대한 글을 쓰고 연구를 한다는 측면에서뿐만 아니라 우리가 학습을 도와주는 사람들과 같은 공간에서 대부분의 시간을 보낸다는 측면에서도 그렇다. 여기서 학습은 수업 기법에 대한 것이다.

우리 역시 갑자기 교실이 사라진 현실을 무방비 상태로 마주했다. 원래는 봄에 수많은 워크숍을 계획하고 진행할 예정이었다. 그런데 3월의 어느 날 그 모든 것이 중단되었다. 우리는 어리둥절했다. 교육 시설을 닫아야 하나? 가만히 앉아 기다려야 하나? 하지만 교육과 교사들은 위기에 처해 있었다.

결국 우리의 힘은 그룹이라는 사실에, 함께 배우는 능력에 있다고 믿는다. 10년 동안 매주 두 번 만나 수업하는 교사들의 영상을 보고, 그들의 행동과 결정을 아주 세부적으로 분석했다. 그러면서 많은 것을 배웠다.

어떤 일을 하느냐고 묻는 사람들에게 우리는 교사들을 연구한다고 말한다. 그런데 온라인 수업 환경에서도 그렇게 할 수 있을까? 어쨌든 온라인 수업의 몇 안 되는 이점 중 하나가 녹화가 용이하다는 점이다. 우리는 교사들을 지켜보고 관찰하고 거기서 배울 수 있을까?

사무실 문을 닫고 이틀 후에 줌을 통해 만나 첫 번째 온라인 수업 영상을 보았다. 브루클린에 있는 차터스쿨(Charter School, 미국 공교육 개혁의 일환으로 만들어진 대안적 공립학교)의 유치원생과 1학년생을 담당하는 교사들이 찍은 영상이었다.

새로운 현실에 눈을 뜬 교사들은 미소 짓는 선생님의 얼굴을 보는 것이 절실하게 필요한 아이들을 위해 웃고 있었다. 그들은 자기 집 거실과 주방에서 사이트 워드(sight word, 문장에서 자주 접하는 단어로 보자마자 그 뜻을 인지할 수 있는 단어)와 이야기 수학 문제를 가르치는 데 최선을 다하고 있었다. 모두 멋진 교사들이었는데 유난히 한 분이 눈에 띄었다.

바로 레이철 신(Rachel Shin) 교사였다. 우리는 그녀의 영상에 유난히 특별한 무언가가 있다는 점을 한 번에 알아보았다. 친근함을 풍기며 미소 짓는 레이철 교사를 보노라니 마치 그녀가 우리와 같은 공간에 서 있는 느낌이 들었다. 학생들이 나중에 볼 수 있도록 녹화된 비실시간 수업이었다. 그럼에도 학생들이 수동적인 참여자가 아닌 적극적인 참여자가 되도록 고안된 수업임이 분명했다.

레이철 교사는 학생들에게 영상을 잠시 멈추고 문제를 풀라고 말했다. 다른 문제는 과제로 내주며 그날 밤까지 이메일로 보내달라고 했다. 화면 장벽 해체, 멈춤 지점, 사후 평가가 모두 이루어지고 있었다. 뒤에 이러한 개념들에 대해 설명하겠다. 이 책에 나오는 모든 기술과 마찬가지로 이 세 가지 기술도 레이철 같은 교사들의 수업 영상을 관찰하면서 발견했다.

우리는 관찰한 것에 대한 짧은 글을 블로그에 올렸다. 그것이 첫 게시물이었다. 첫날 이후 모든 일을 보류하고 일주일에 5일 동안 함께 수업 영상을 관찰하며 가능한 한 많이, 가능한 한 빨리 무엇인가를 배우기로 동의했다. 그리고 배운 내용을 가능한 한 자주, 최대한 직접적으로 교사들과 공유하기로 했다.

그 당시에는 책을 쓸 생각은 하지 못했다. 몇 주 후 수업 영상 연구와 핵심 교육 원리에 대한 온라인 세미나를 시험적으로 진행했다. 참가비는 무료였지만 우리가 다루었던 상호작용의 본보기를 좀더 잘 보여주기 위해 인원수에 제한을 두었다. 몇 분 만에 등록이 마감되었다. 우리는 이를 공급의 질이 아니라 수요의 범위를 나타내는 신호로 받아들였다.

어쨌든 우리는 더 많은 노력을 기울였다. 가치 있는 것을 공유하고 그 과정에서 더 많이 배우고 싶었다. 그와 동시에 우리에겐 또다른 문제가 생겨났다. 교사를 대상으로 한 교육을 위해 그동안 했던 모든 일을 조만간 온라인으로 옮겨야 한다는 사실을 깨달은 것이다.

몇 년 동안 줌을 이용해 회의를 주관하고 연구 모임을 진행하면서 온라인을 통한 상호작용이 어떠해야 하는가에 대한 생각을 많이 하기는 했다. 하지만 안타깝게도 이 부분에 여전히 능숙하지 못했다. 그래서 모든 온라인 회의를 가치 있고 생산적으로 만들기 위해 계획안과 절차를 작성했다.

그런데 우리는 신기술 도입에 소극적인 사람들이기도 했다. 처음에 우리 중 대다수가 줌의 소회의실을 이용하는 방법은 고사하고 그것이 무엇인지도 잘 몰랐다. 화면 공유에 문제가 생겼고 "잠깐, 어떤 버튼이지?"라며 어리둥절해했다. 여기서 자신의 모습이 떠오르는 독자분이 있다면

"음, 걱정하지 말라"고 말씀드리고 싶다.

온라인 학습으로의 이동을 연구하는 동안 온라인에서 간헐적으로 하던 우리의 교육에도 변화를 주었다. 우리는 교실에서 관찰했던 방식들을 적용할 기회를 곧바로 얻었다. 어떤 방식은 다른 것들에 비해 더 나은 것으로 드러났다.

몇몇 방식은 도움이 되지만 효과적이지 못한 방식이 많다는 점도 발견했다. 효과적이지 못한 이유는 너무 철저하거나 복잡했기 때문이다. 그래서 훌륭한 방식이지만 실제로 수업이 더 향상되지는 못했다. 이것들을 적용하자니 작업 기억(working memory, 뇌에 입력된 정보를 단기간 기억한 다음 그 내용을 능동적으로 적용해 나갈 수 있는 능력)에 너무 부담이 되었다.

가령 소설에서 핵심 장면을 분석하고, 노트북을 들여다보고, 참가자들이 잘 따라오는지 모르지만 어쨌든 그들의 얼굴을 보면서 그 내용을 읽는 일이 그러했다. 우리는 천천히, 하지만 지속적으로 전진했다. 그리고 그럴듯해 보이지만 효과는 미미한 일보다 좀더 기본적인 일을 잘하는 법을 배우는 데 시간을 보내는 것이 더 가치 있다는 결론을 내렸다.

우리는 말 그대로 고개를 숙인 채 그러한 일들에 집중했다. 그러다 갑자기 고개를 든 순간 TLAC(Teach Like a Champion, '비범한 학교'에 소속된 팀으로 좋은 성과를 내는 교사들에 대한 연구를 바탕으로 교사 연수를 하기 위해 만들었다) 블로그의 방문자가 크게 증가했다는 점을 알아차렸다.

사람들이 온라인 교육을 주제로 한 가상 회의에서 강연을 해달라는 요청을 올리기 시작했다. '와, 사람들이 궁지에 몰린 건 확실한 모양이구나'라고 생각하면서도 이 요청을 피하려고 했다. 우리는 전문가가 아님을 알았기에. 하지만 뒤돌아보니 전문가가 아니라는 사실이 긍정적으로 작용했던 것 같다.

우리는 이 문제로 애쓰는 평범한 사람들 그러니까, 평범한 교사들이었다. 하지만 다행히 관찰할 수 있는 많은 영상이 있었고 많은 교육자들이 이 영상을 분석할 수 있는 공간을 갖추고 있었다. 온라인 학습에 대한 이론을 알려줄 능력은 없었지만 함께 관찰하기 위해 훌륭한 교사들의 수업 영상을 틀어줄 수는 있었다.

나중에 출판업계에 있는 한 친구가 전화를 걸어 이렇게 말했다. "책 쓰는 거에 대해 꼭 생각해봐. 새 학기도 얼마 남지 않았어." 처음에 우리는 웃었지만 나중에 너무 바빠 울 지경이었다. 그러다가 집필을 시작했다.

온라인 교실에서
효과적으로 가르칠 수 있도록

우리가 신기술 도입에 소극적이었다는 점, 교실이 사라진 현실, 기술과 온라인 수업에 약간 회의적이었다는 점을 이야기했다. 그러나 빠른 시간 내에 이 부분들이 훨씬 더 나아지리라 진실로 믿는다. 적어도 이러한 주제를 연구하고 적용한 우리의 경험이 이 믿음을 뒷받침해 주었다.

실수를 했다가 결국 제대로 하게 된 그 경험들을 이 책에서 공유하려고 한다. 이 책이 동기부여가 되고 긍정적인 생각을 하는 데 도움이 되기를 바란다.

1장에서 해나 솔로몬(Hannah Solomon)과 베스 베릴리(Beth Verrilli) 교사는 온라인 수업의 두 형태인 실시간 수업과 비실시간 수업의 핵심적인 차이를 설명한다. 이 두 방식의 장단점과 단점을 해결하는 방법을 알려준다. 뿐만 아니라 두 방식이 어떻게 시너지 효과를 낼 수 있는지, 훌륭한 수업에 두 요소가 어떻게 녹아들 수 있는지 공개한다.

2장에서 젠 루가니(Jen Rugani)와 케빈 그리잘바(Kevin Grijalva) 교사는 원격 수업에서 학생들이 교사와 좀더 연결되어 있다는 느낌을 들게 만드는 화면 장벽 해체에 대해 설명한다. 관계를 형성하고 유지하는 것은 화면 장벽 해체에 중요한 부분이지만 이것이 전부는 아니다. 학습 내용과 교수법도 중요하다. 그러니까 학생들이 학습을 통해 유대감을 느끼게 만들어야 한다.

3장에서 콜린 드릭스(Colleen Driggs)와 하이메 브리얀테(Jaime Brillante) 교사는 온라인 학습의 큰 난제인 주의산만에 대해 다룬다. 학생들은 교사와 동떨어진 채 화면을 보고 있다. 끊임없이 주의가 산만해질 수 있는 환경이다. 온라인 수업에서 주의산만을 없애기 위한 시도가 어떻게 주의력을 극대화하기 위한 상호작용의 구성과 연결되는지 살펴본다.

4장에서 힐러리 루이스(Hilary Lewis)와 브리트니 하그로브(Brittany Hargrove) 교사는 멈춤 지점에 대해 설명한다. 멈춤 지점은 교사가 학생들에게 적극적으로 참여하도록 요청하는 순간을 말한다. 우리는 현실적으로 다음의 질문에 대한 답을 보여주는 영상을 이 장에 실었다. 학생들이 적극적으로 참여하게 하려면 멈춤 지점이 얼마나 자주 있어야 하는가? 어떤 유형의 과제가 가장 가치 있는가? 비실시간 수업에서 멈춤 지점을 어떻게 활용할 수 있는가?

5장에서 에밀리 바딜로(Emily Badillo), 젠 루가니, 해나 솔로몬 교사는 평가 혹은 이해도 확인에 대해 다룬다. 학생들은 우리와 멀리 떨어져 있다. 우리는 학생들의 어깨 너머로 노트나 문제지를 들여다볼 수 없다. 그렇다면 언제, 어떻게 학생들이 이해했는지 확인해야 할까?

6장에서 대릴 윌리엄스(Darryl Williams)와 댄 코튼(Dan Cotton)은 교실의 기본적인 운영 체계 즉, 학생과 교사가 직면하는 절차와 루틴에 대해 다룬다. 우리가 자주 하는 일들이 있을 때 그것을 하는 올바른 방식이 있어야 한다. 많은 생각을 하지 말고 간단하고 빠르게 그러한 일들을 해야 학습에 집중할 수 있다. 이는 교실 수업과 온라인 수업에 모두 해당된다.

7장에서 롭 리처드(Rob Richard)와 존 코스텔로(John Costello)는 기술과 플랫폼을 다룬다. 우리는 어떻게 기본적인 도구의 활용으로 교육적 가치를 가능한 한 많이 실현할 수 있을까? 기술을 사용할 때 우리의 삶을 더 단순하게 만드는 간단한 방법은 무엇인가? 우리는 어디까지 가야 하는가? 단순성이 우리의 좌우명이다.

그 첫날 레이철 신 교사의 수업 영상에서 가장 먼저 발견한 것이 있다. 그것은 바로 학생들과 공유했던 익숙한 과거를 떠올리게 해주는 표현과 행동을 그녀가 한다는 점이었다. 그것을 수업에 적용할 수 있으리라 기대한다.

또 실제 교실로 돌아갔을 때 온라인 교실에서 하던 수업과 조화를 이루기 위해 해야 하는 일도 계획해야 한다. 그래야 두 교실 중 한 교실에 있을 때 다른 교실을 떠올릴 수 있고 두 교실을 오가며 수월하게 전진할 수 있다. 앞으로의 불확실성 때문에 우리는 이렇게 할 수밖에 없다.

이 모든 점을 고려하여 미래와 미래에 얻게 될 것에 대한 최종적인 고찰로 책을 마무리한다. 이 고찰은 유용할 것이다.

우리의 목표를 말하자면 이렇다. 첫째, 현직 교사들의 교육 현장에서 소소한 순간마다 나타나는 유용한 방식들을 강조하는 것이다. 이는 교사들이 온라인 수업에 이 방식들을 조금씩 적용할 수 있게 하기 위해서이다.

둘째, 엄청난 불확실성에 직면하여 몹시 도전적인 일을 하도록 요청받은 교사들에게 감사를 표하는 것이다. 우리는 그들이 이 일을 잘 해내야 한다는 점을 알고 있다.

학생들을 위해 애쓰시는 모든 교사분들께 감사하다. 지금 하고 있는 일은 세상에서 가장 중요한 일이다.

—더그 레모브(Doug Lemov), 에리카 울웨이(Erica Woolway)

차례

3장 | 원격 수업의 최대 난제,
주의산만 극복하기

4장 | 수업 사이사이에
멈춤 지점을 설정하기

7장 | 기본 도구로 온라인 수업의 질을 향상시키기

* 일러두기: 본문 속 비디오 클립의 경우 해당 사이트로 들어가서 암호로 'beautiful'을 입력하고, submit 버튼을 누르면 영상을 볼 수 있습니다.

1장

실시간 수업과 비실시간 수업의
특징부터 파악하기

Teaching in the Online Classroom

모든 원격 학습이 똑같은 것은 아니다. 하지만 일반적으로 원격 학습은 두 가지 형태를 띤다. 바로 비실시간 학습과 실시간 학습이다.

비실시간 학습은 다른 시간에 다른 장소에서 이루어지는 학습이다. 학생들은 교사가 온라인에 올린 그래픽 구조도(graphic organizer)를 채워서 다시 교사에게 이메일로 보낼 수 있다. 교사는 학생들이 각자의 시간에 맞게 볼 수 있도록 강의를 녹화할 수 있다.

이에 반해 실시간 학습은 같은 시간이지만 다른 장소에서 이루어지는 학습이다. 줌, 구글 미트(Google Meet), 이외에 다양한 플랫폼에서 수행되는 수업이 이 범주에 들어간다.

각각의 원격 수업에는 장단점이 있다. 이 장에서 우리는 각각의 유형을 살펴보고 두 가지를 최대한 활용하는 몇 가지 방법을 제안하려고 한다.

환경을 통제할 수 있는
비실시간 수업

○ 실시간 수업이 텔레비전 생방송이라면 비실시간 수업은 넷플릭스(더 정확히는 유튜브)와 같다. 이러한 차이를 감안할 때 후자는 최종 영상물을 통제할 수 있다는 점에서 이점이 있다. 교사들은 설명 방식을 개선하고 싶을 때 재촬영하거나 편집할 수 있다. 자녀가 낮잠을 잘 때까지 기다렸다가 녹화를 진행하는 것도 가능하다. 따라서 좀더 양질의 수업 영상을 만들 수 있다.

학생들 역시 비실시간 수업에 참여할 때 좀더 자신의 수업 환경을 통제할 수 있다. 가령 형제자매가 공유하는 노트북을 다 쓸 때까지 기다리거나 가족이 사용하는 컴퓨터 이용 일정에 맞추어 로그인을 할 수 있다. 고등학생의 경우 자신의 공부 일정에 맞추어 학습할 수 있다.

뿐만 아니라 질문의 답을 완성하는 데 시간이 더 필요할 때는 멈출 수 있고, 설명을 다시 듣고 싶을 때는 앞으로 돌아갈 수 있다. 즉 자신의 속도에 맞추어 수업을 들을 수 있다.

비실시간 수업은 서로 공유할 수도 있다. 교사들끼리 콘텐츠 분량을 나누어서 각자 맡은 한 분량의 수업을 녹화하는 것이다. 이렇게 하면 교사들은 다른 업무를 할 여유가 생긴다. 또한 비실시간 학습은 학생들이 과제를 완성하기 전에 좀더 숙고하고 지속적인 사고를 할 시간을 확보할 수 있어 복잡한 과제를 하는 데 도움이 된다.

이렇게 비실시간 수업이 학생들의 학습에 도움이 되는 방식을 살펴보았다. 학생들은 비실시간 역사 수업을 듣고 거기서 얻은 지식을 활용하여 오프라인에서 연관된 주제로 글쓰기를 할 수 있다. 비실시간 수학 수업에서 평균을 구하는 방법에 대한 설명을 들은 후 연습 문제를 풀 수도 있다.

또한 비실시간 수업에서는 교사들이 마감 시간을 설정하는 것도 가능하다. 그래서 만료일이 설정된 수업과 따로 설정되지 않은 수업이 있다. 만료일이 설정된 수업은 특정한 기간 내에 들어야 하는 수업이다. 짧게는 몇 시간, 길게는 며칠 이상으로도 설정할 수 있다.

마감 기한을 설정하는 것은 아주 흔한 방식이다. 가령 교사가 "수업을 들은 후 첨부된 하드웨어 데이터를 수요일 낮 12시 전에 업로드하세요"라든가 "수업을 듣고 문제지를 풀어 선생님한테 이메일로 보내세요. 그러면 선생님이 2단원을 보내줄게요!"라고 말하는 식이다.

한편 교사는 어떤 사건이나 행사와 연결 지어 수업 만료일을 정할 수도 있다. 예를 들어 학급 기념일까지 어휘 수업을 듣거나 소설 공부에 도움이 될 신문 기사를 언제까지 선택하라고 제시하는 것이다.

만료일이 없는 수업은 영상이 계속 남아 있으므로 학생들이 원할 때마다 들을 수 있다. 교사는 학생들이 단원 말미에 에세이를 쓰기 전에 보충할 수 있도록 주요 출처에서 뽑은 인용문들을 빠르게 녹화할 수 있다. 혹은 3차원 프리즘 단면을 다룬 수업 영상을 올리고 언제, 얼마나 봐야 하는지 구체적으로 제시하지 않을 수도 있다. 학생들은 비실시간으로 녹화된 과학 실험 영상을 여러 차례 볼 수도 있다.

인터넷에도 만료일이 없는 영상이 넘쳐난다. 유명한 저자들이 자신의 책 내용을 큰 소리로 낭독하는 영상, 과학자 빌 나이(Bill Nyc)가 과학 개념을 설명한 영상, 칸아카데미(Khan Academy, 무료 온라인 교육 서비스) 수업 영상도 있다. 교사들은 유익한 교육 콘텐츠를 제작하기 위해 이를 활용하기도 한다.

만료일이 없는 영상은 되도록 짧고 간결해야 한다. 주로 참고용이나 숙제, 새로운 내용에 대한 소개용으로 활용하는 것이 좋다. 이러한 영상 뒤에는 학생에게 좀더 명확한 책임을 부여하는 영상을 올리는 것이 이상적이다. 다항식을 소개하는 영상을 매해 한 번씩만 녹화하는 방식이 마음에 들 수도 있다. 그러나 만료일을 설정해서 적절할 때 개입하지 않으면 학생의 집중력과 참여도가 감소할 수도 있다.

비실시간 수업의 단점을 극복하기

° 비실시간 학습에도 단점은 있다. 교사들이 학생들의 참여도와 이해도를 판단할 길이 없어서 아무리 열정적으로 수업해도 허공에 대고 가르치는 것처럼 느껴질 수 있다. 더욱이 비실시간 수업을 '완벽하게' 진행해야 한다는 중압감 때문에 몇 시간 동안 재촬영을 거듭하는 일이 발생하기도 한다.

또한 비실시간 학습이 진행되는 동안 화면을 마주하고 있는 학생들은 선생님과 친구들에 대한 유대감을 잃을 수 있으며 책임감을 별로 느끼지 못할 가능성이 크다. 학생들은 "수업을 잠시 멈추고 기록하세요" "이 부분을 노트에 필기하세요" "이 문제를 풀어보세요" 같은 요청을 듣고도 화면을 응시하면서 영상 뒷부분에 나오는 정답을 기다리기만 할 수 있다.

설령 학생들이 모든 과제를 부지런하게 완수하더라도 우려되는 일이 있다. 실제로는 내용을 제대로 파악하지 못한 상태인데 이를 교사가 인지하지 못하는 상황도 발생할 수 있는 것이다. 동시성과 책임감이라는 요소가 부재한 상태에서 학생들이 수업에 집중하는지 알 수 있는 방법은 없다. 학생들은 영상 재생 버튼을 누른 후 과자를 우적우적 씹으면서 노트에 낙서하고 이후에 마치 처음 보는 내용을 접하듯 과제를 할지도 모른다.

중간에 질문을 넣어라

영국 리즈에 있는 브릭쇼 고등학교의 역사 교사인 조지 브램리(George Bramley)는 이러한 참여도 문제를 해결할 수 있는 명쾌한 해결책을 공유했다. 조지 교사는 학생들에게 사전 녹화된 자신의 강의를 볼 때에는 수업 전용 구글 문서 도구(Google Doc)를 열도록 했다.

그는 수업이 진행되는 동안 학생들이 시간대별로 필기를 하고 문제를 풀도록 했다. 수업 설명 사이사이에 질문이 들어가도록 설정한 것이다. 가령 "이전에 무슨 사건이 발생했나요?" "해럴드 2세가 다음에 어떻게 해야 할까요?" "뒤이어 실제로 어떤 일이 발생했나요?" 같은 질문을 점진적으로 구성한 것이다.

따라서 수업을 한 귀로 듣고 한 귀로 흘려들으면 답을 완성하지 못한다. 그는 이 방법으로 학생들이 수업에 얼마나 집중했는지 파악한다. 그리고 수업 종료 후 학생들이 주요 내용을 알고 있는지 평가한다.

뿐만 아니라 조지 교사는 비실시간 수업이 진행되는 동안 학생들에게 어느 내용까지 따라와야 하고 무엇을 해야 하는지 상기시켜 주며 틈틈이 확인한다. 가령 "둘째 줄 상자에 이 내용을 메모하세요"라든가 "다음 내용을 5번 상자에 기입하세요"라고 지시하는 것이다. 비록 학생들과 같은

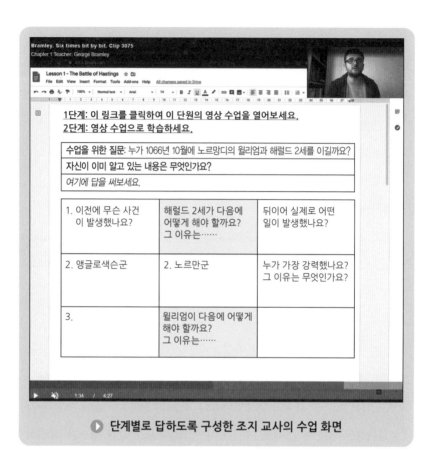

1단계: 이 링크를 클릭하여 이 단원의 영상 수업을 열어보세요.
2단계: 영상 수업으로 학습하세요.

수업을 위한 질문: 누가 1066년 10월에 노르망디의 윌리엄과 해럴드 2세를 이길까요?
자신이 이미 알고 있는 내용은 무엇인가요?
여기에 답을 써보세요.

1. 이전에 무슨 사건 이 발생했나요?	해럴드 2세가 다음에 어떻게 해야 할까요? 그 이유는……	뒤이어 실제로 어떤 일이 발생했나요?
2. 앵글로색슨군	2. 노르만군	누가 가장 강력했나요? 그 이유는 무엇인가요?
3.	윌리엄이 다음에 어떻게 해야 할까요? 그 이유는……	

▶ 🔇   1:34 / 4:27

▶ **단계별로 답하도록 구성한 조지 교사의 수업 화면**

공간에 있지 않지만 사려 깊게 보조 자료를 게시하고 말로 일깨워주는 것이다. 그러면 학생들은 정보를 단계별로 효과적으로 습득할 수 있다.

학습 환경을 확인하라

물론 비실시간 수업으로 학습 결과에 차이가 발생할 가능성도 있다. 공부를 잘하는 학생은 계속 잘하고 뒤처지는 학생은 계속 뒤처진다는 점에서 그렇다. 이러한 결과가 발생한 데는 다양한 요인들이 영향을 끼친다. 각 학생이 집중한 시간은 어느 정도였는가, 학생 스스로 특정 과목을 얼마나 '잘한다'고 여기는가, 이전에 해당 교사와의 관계가 어떠했는가를 비롯하여 학생 가족의 지원 능력과 수준도 영향을 준다.

세 명의 동생이 뛰어다니는 상황에서 스페인어 수업을 듣는 세라의 경우를 살펴보자. 세라는 엄마가 외출한 동안 동생들을 돌봐야 한다. 반면 다른 동네에 사는 어밀리아는 부엌에서 엄마 근처에 앉아 수업을 듣는다. 어밀리아의 엄마는 딸을 애정어린 눈빛으로 보면서도 예의주시하며 딸이 학습 내용을 잘 정리하도록 도와준다. 같은 수업을 들어도 누가 더 많은 것을 습득하겠는가?

수년 동안 실제 교실에서 자리 배치를 해보면서 수업을 들을 때 앉는 위치가 학습 결과에 영향을 미친다는 사실을 알게 되었다.

또한 전 세계에서 이루어지는 원격 학습을 지켜보면서 학생들이 침대에서 잠옷 차림으로, 움직이는 차량 뒷좌석에 웅크린 채로, 정신없는 식탁에서 형제자매들 사이에 끼어 앉은 채로 온라인 수업에 출석하는 모습을 목격했다. 반면에 어른 혹은 언니(누나)나 오빠(형)가 학습자 옆에 앉아 집중하게 도와주는 가정들도 보았고, 중3 학생이 대수학 수업을 들으면서 어린 동생들까지 관리하는 학습 환경도 엿보았다.

수업 영상을 시청하는 일과 비실시간 수업의 과제를 완수하는 일 모두 가족의 상당한 도움이 필요할 수 있다. 인터넷 속도도 빨라야 한다. 우리는 이런 도움을 주는 것이 모든 가정에서 만만치 않은 일이라는 점을 잘 안다.

특히 비실시간 수업에서 더욱 그러하다. 학생들은 비실시간 수업을 할 때 현재 자신이 처한 상황에서 그대로 학습을 한다. 누군가의 도움을 받거나 아무 도움 없이, 학습 내용을 잘 알거나 잘 모르는 채로 말이다.

수업 시간을 짧게 유지하라

마지막으로 영상을 보는 시간이 너무 길면 피로도가 상승하고 집중력이 떨어진다. 한때 노래와 활동이 넘쳐나는 교실에서 배우던 2학년 학생이 이제 화면으로 보이는 스미스 선생님께 곱셈을 배우려고 애쓴다고 생각해 보자. 혹은 대수학을 완전히 익히는 데 필요한 발판과 지원 역할을 하던 교실이 사라지고 이제 반 친구들과 같은 영상을 보고 있는 학생을 떠올려보자.

집중 시간 감소와 참여도 부족을 온라인으로 확인하거나 관리하는 일은 불가능해 보인다. 영상이 재생되고만 있는지 학생이 적극적으로 학습하고 있는지 교사가 어떻게 구별할 수 있을까?

이러한 단점들이 있는데도 교사들이 비실시간 수업을 제작하는 이유는 무엇일까? 학생들에게 양질의 포괄적인 콘텐츠가 있고 언제든지 청취할 수 있는 칸아카데미 같은 온라인 교육 사이트에 접속하라고 하면 되지 않을까? 여기에는 유대감과 참여도라는 두 가지 이유가 있다.

가정의 식탁에서 녹화하는 선생님에게는 온라인 학습 프로그램에서 느껴지는 세련미가 부족할지 모른다. 하지만 자신에게 관심을 기울이는 사람과 인간적으로 연결되어 있다는 느낌은 학생에게 꼭 필요한 요소이다. 더욱이 본인이 가르치는 학생들의 학습 성과를 염두에 두지 않고 제작된 영상에는 참여도, 책임감, 과제 명확성이 반영되어 있지 않다.

따라서 학생들의 담당 교사가 아닌 다른 사람이 만든 교육 영상은 어디까지나 선택 사항이다. 그러한 영상에는 체계적인 구조와 지원이 담겨 있지 않다. 언제 어느 부분에서 필기를 해야 하는지 학생들에게 알려주는 부분도, 잠시 멈추고 문제를 풀어봄으로써 내용을 확실히 알고 넘어가도록 이끌어주는 측면도 없다.

우리는 킵(KIPP, 미국에서 독자적으로 운영되는 공립학교들의 가장 큰 네트워크) 세인트 루이스 고등학교의 조슈아 험프리(Joshua Humphrey) 교사가 제작한 비실시간 수학 수업에서 유대감과 참여도라는 두 가지 요소를 발견했다. 우선 조슈아 교사는 매일의 수학 수업을 두 개의 짧은 수업으로 나누고 그 사이에 완성해야 할 과제를 제시한다.

성인도 줌 회의를 60분 넘게 한 후에 집중력을 유지하기란 어렵다. 그는 수업을 두 부분으로 나누고 응용 과제를 제시하는 방식으로 학생들이 일과의 속도를 조절하고 매 수업에 집중력을 발휘할 수 있도록 돕는다. 그러기 위해 각 수업을 간결하게 12분으로 유지한다.

또한 그는 학생들이 하나의 개념을 적용하고 통합하면서 인지부하를 조절할 수 있도록 공부량을 효과적으로 나눈다. 학습한 개념을 장기 기억에 저장한 후 다른 개념으로 옮겨가도록 돕는 것이다. 학생들은 40분이 아니라 12분 동안 집중하는 훈련을 하면 된다. 그러면 집중을 온전히 유지하는 일이 얼마나 수월해지겠는가?

간결한 언어로 수업을 곧바로 시작하라

다음 비디오 클립에서 조슈아 교사는 비실시간 수업에서 학생의 집중력을 높이는 데 중요한 두 가지 기술을 보여준다. 수업을 곧바로 시작하는 것과 친근감 있게 수업하는 것이다.

온라인 수업에서 집중력은 아주 중요하기 때문에 저하되어선 안 된다. 조슈아 교사는 명확한 목표를 가지고 곧바로 수업에 임하여 수업 시간을 12분 이하로 유지한다. 더 중요한 사실은 이렇게 함으로써 학생들에게 수업의 매 순간이 중요하다는 메시지를 전달한다는 점이다.

▶ 비디오 클립 조슈아 험프리 "참조 시트"
https://www.wiley.com/go/newnormal

무엇보다 가장 주목할 만한 점은 그가 학생들과의 유대감을 강화하기 위해 바로 완수 과제를 이용한다는 사실이다. 이 유대감은 교사와 학생이 다 같이 하고 있는 학습을 기반으로 형성된다.

그는 카메라를 정면으로 응시한 채 간결한 언어로 애정을 담아 편안하게 설명한다. "그러니까 다항식의 모든 부분을 선생님한테 설명할 수 있어야 해, 알았지? 이것은 무엇을 뜻할까?"라며 친근하게 말할 때 학생들은 실제로 선생님과 함께 교실에 있는 듯한 기분을 느낀다. 그는 따스한 미소를 지으며 이 부분을 강조하고 바로 완수 과제로 넘어간다. "자, 항상 그랬듯 맨 먼저 할 일부터 해야지."

어린아이들에게 이와 유사한 방식을 쓰는 다른 수학 수업을 살펴보자. 브루클린 라이즈 차터스쿨의 레이첼 신 교사는 조슈아 교사처럼 비실시간 수업의 매 순간을 활용하여 학습 효과를 최대한 끌어올린다. 그리고 자신이 담당하는 유치원(미국의 공립학교 유치원은 초등학교 교육의 일부 과정이다 – 옮긴이) 학생들과의 관계를 강화한다.

그녀 역시 매일 곧바로 이야기 수학 문제를 다루면서 실제 교실에서 활용하던 수업 방식을 유지한다. 그녀는 온화하게 미소 지으며 카메라를 정면으로 응시한다. 그러면서 아이들에게 약간의 도전 의식을 심어주기 위해 밖에서 내리는 비를 살짝 언급한다. "비가 온다고 우리가 수학 공부를 못하는 건 아니지요?"

레이철 교사는 의도적으로 간결한 언어를 사용해 아이들이 집중할 수 있는 시간을 낭비하지 않는다. 그러면서도 따뜻한 어조로 편안한 언어를 쓴다. 또한 조슈아 교사처럼 시간을 의도적으로 활용한다. 그녀는 현재에 충실하며 인간적인 교사이다.

▶ **비디오 클립 레이철 신 "굿모닝"** https://www.wiley.com/go/newnormal

레이철 교사는 이야기 수학 문제를 동기부여 수단으로도 활용한다. 자신의 이야기로 수학 문제를 만들어 이 문제를 푸는 가장 좋은 방법을 보내는 학생을 다음 날 수업에서 언급하는 것이다. 이렇게 하면 니컬러스라는 학생은 자신과 자신의 레고가 수업에서 '유명해지는' 것에 엄청난 자부심을 느낀다. 뿐만 아니라 23명의 학급 친구들이 수업을 듣고 열심히 공부하도록 자극할 수 있다.

레이철 교사가 '보드(창문에 붙여놓은 종이)'로 방향을 바꿀 때 우리는 실제로 그녀의 교실에 있는 듯한 기분을 느낄 수 있다. 그녀는 학생들과 실제로 같이 있는 것처럼 학생들을 향해 카메라를 정면으로 응시했다가 보드로 시선을 돌리는 것을 번갈아가며 한다.

레이철 교사와 조슈아 교사 모두 애징을 드리내면서 존재감을 내뿜는다. 효율적으로 학생들이 집중하도록 가르치며 비실시간 수업 방식을 최대한 활용한다.

교실을 떠올릴 수 있는
실시간 수업

비실시간 학습의 단점 가운데 일부는 실시간 학습으로 해결할 수 있다. 실시간 수업이 제대로 이루어질 때 분위기 좋은 교실에서 참여하는 환경이 재현된다. 그러면 유대감이 형성되고 유지될 수 있다.

학생들은 교사와 친구들을 실제로 보면서 실시간으로 상호작용한다. 교사는 분위기를 파악하고 학생들의 이해도를 확인할 수 있다. 따라가지 못해 도움이 더 필요한 학생들에게 반응할 수도 있다. 또한 모든 학생이 개념을 이해한 시점을 파악하여 학습 속도를 더 올리거나 좀더 어려운 문제를 제시할 수도 있다.

실시간 학습에서 학생들이 집중할 가능성이 더 크다. 우리의 동료 콜린은 온라인 수업을 하게 된 것을 못마땅해했던 딸에 대한 이야기를 들려주었다.

어느 날 딸의 선생님이 수업 중에 무작위 호명으로 딸을 지목했다. 그 전까지 집중하지 못하던 딸은 자신을 부르는 소리가 들리자 갑자기 활기를 띠었다. 선생님이 여전히 자신을 관찰하고 있으며 자신이 수업에 참여하는 것을 잘 알고 자신이 한 답에 관심을 기울인다는 사실을 깨달았기 때문에 마음이 바뀐 것이다.

실시간 수업의
단점을 극복하기

○ 물론 실시간 수업에도 단점은 있다. 교사들은 이따금 '가정'의 책임들과 '업무'의 책임들이 예전과 다른 방식으로 서로 충돌하는 것을 경험한다. 우리는 교사들이 아기를 무릎에 앉히고, 때로는 눈물을 삼키며 수업을 하는 모습을 보았다. 이러한 업무는 직무 기술서에 없다고 확신한다.

더 복잡한 속사정을 밝히자면 모든 학생을 동시에 온라인에 접속하게 하여 수업에 참여시키는 일이 복도에 늘어선 학생들에게 인사하는 것보다 훨씬 까다롭다. 첨단 기술을 이용해 가르쳐야 하는 현실에서 교사의 작업 기억에는 부담이 더 가중되었다.

교사는 수업 내용을 전달하고 학생들이 골고루 참여하도록 해야 한다. 학생들의 답을 자신이 작성한 모범 답안과 비교도 해야 한다. 애정을 쏟고 침착하게 행동하는 등 수업의 동적 요소들을 현명하게 처리해야 한다.

여기에 더해 교사는 부엌 식탁에서 진행하는 온라인 수업의 기술 문제를 해결하는 데도 신경 써야 한다. 그러니 노련한 교사들이 신입 교사 시절처럼 쩔쩔매는 것도 이상한 일이 아니다.

비실시간 학습에서와 마찬가지로 실시간 학습에서도 화면 노출에 따른 피로와 집중 시간 감소는 지적 능력을 약화시키는 요인이다. 5학년 학생이 온라인으로 교사들과 함께 실시간 학습을 오전 9시부터 오후 3시까지 하는 것이 바람직해 보일지 모른다. 하지만 우리는 그 학생이 하루 동안 집중하는 시간을 유지한 채로 얼마나 많은 줌 수업을 들을 수 있을지 고려해야 한다.

실시간 수업은 교실의 느낌을 어느 정도 자아내도 교실을 정확히 재현하지 못한다. 사실 교실에서 해결되어야 하는 많은 측면들이 실시간 수업에서는 더 확대되어 보인다.

학생들이 실제 교실에 있는 것처럼

교사가 학생의 책상 옆에서 몸을 숙여 들여다보거나 학생 어깨 너머로 노트를 들여다볼 수 없는데 어떻게 학생의 이해도를 판단하거나 피드백을 해줄 수 있을까? 교사와 학생들 모두 작은 네모 화면에 갇혀 있는데 어떻게 교사가 학생의 참여도를 효과적으로 관찰하거나 신뢰 관계를 지속적으로 쌓아갈 수 있을까?

이러한 문제들을 극복하는 일은 쉽지 않지만 불가능한 것은 아니다. 일루미나 마요랄 아카데미 중학교의 에릭 스나이더 교사가 윌리엄스-가르시아의 소설 『어느 뜨거웠던 날들』을 주제로 진행한 실시간 수업이 그 증거이다.

▶ 비디오 클립 에릭 스나이더 "시에 대한 관점"

https://www.wiley.com/go/newnormal

에릭 교사는 실제 교실에서 활용했던 효과적인 방식을 실시간 원격 수업에 능수능란하게 적용한다. 실제 교실에서 하듯 줌 수업에 들어오는 각각의 학생들 이름을 불러 환영하면서 수업을 시작한다.

	비실시간 수업	실시간 수업
장점	• 좀더 완성된 내용 • 교사와 학생이 자신의 일정(속도)을 조절할 수 있음 • 좀더 지속적이고 복잡한 과제가 가능함	• 유대감을 형성하고 유지할 수 있음 • 실시간으로 학생들의 이해도를 확인하고 실수에 반응해 줄 수 있음 • 참여도가 더 큼
단점	• 참여도와 이해도를 실시간으로 평가하지 못함 • 유대감과 책임감 감소 • 뒤처지는 학생들에게 불리함 • 화면 노출에 의한 피로 • 집중력 저하	• 일정을 조정해야 함 • 기술(접속) 문제로 학습에 지장을 줄 수 있음 • 화면 노출에 의한 피로 • 집중력 저하

비실시간 수업과 실시간 수업의 장단점

심지어 생일을 앞둔 학생이나 새로운 머리 스타일을 한 학생을 반갑게 언급하며 학생들과 이미 쌓아놓은 관계를 유지한다. 학생들은 바로 완수 과제를 곧바로 시작하여 그 소설가에 대한 세 단락짜리 인터뷰 내용을 각자 읽고 두 가지 질문에 답한다.

실시간으로 이루어지는 수업이기 때문에 에릭 교사는 학생들의 이해도를 실시간으로 판단할 수 있다. 그는 학생들이 객관식 문제의 답을 채팅창에 올리면 우선 ㄲ맙다ㄲ 말한다. 이어서 각 학생에게 "선생님이 답을 확인했어. 이런 네 노력은 중요해"라고 얘기한다. 그러면서 다른 학생들도 열심히 하는 모습을 학생들이 보게 하여 학급 일원으로 느낄 수 있게 해준다.

에릭 교사는 "80퍼센트가 옳은 답을 썼다"고 알리며 반 전체의 이해도를 평가한다. 뒤이어 학생들이 지문을 다시 읽으며 합당한 증거에 밑줄을 긋게 한다. 그러면서 맞는 답과 틀린 답을 설명한다. 이렇게 빠른 피드백은 실시간 수업에서만 가능하다. 그는 이 수업에서 학생들의 이해도를 판단하고 헷갈리는 부분을 바로잡아 준다. 이러한 방식으로 모든 학생들이 수업을 들으면서 내용을 제대로 알 수 있게 이끈다.

두 학습 유형의 균형을 맞추어라

교사들이 실시간과 비실시간 학습의 차이점을 이해한다면 학생들의 학습 효과를 극대화하기 위해 이 둘 사이의 균형을 전략적으로 맞출 수 있다. 이 두 학습 유형은 어떻게 서로 보완될 수 있을까? 학생들의 필요에 더 적합하거나 덜 적합한 것은 무엇일까? 어떻게 하면 서로 시너지 효과를 내도록 두 가지를 활용할 수 있을까?

온라인 수업에서 어떻게 가르칠지 결정할 때에도 전형적인 교실 수업 계획을 세울 때처럼 현재 상황을 염두에 두어야 한다. 학생들의 연령과 능력, 수업 주제, 일일 목표, 학습 내용(새로운 내용인가 복습인가), 현재 시점(원격 수업을 시작한 시점인가 학기 중간에 이 수업으로 전환된 시점인가) 같은 요소들을 고려해야 한다. 이를 토대로 언제, 어느 지점에서, 어떻게 각 학습 유형의 장점을 극대화하고 단점을 최소화할지 결정해야 한다.

우리 교사들이 가르치는 일 중 가장 좋아하는 부분을 제대로 옮겨놓을 수 있는 수업은 실시간 수업인 것 같다. 실시간 수업은 학생과 교사가 서로 신뢰하는 학업 관계를 형성하고 유지하는 데 적합한 수업 방식이다.

가령 토론은 실시간 수업에서만 이루어질 수 있다. 학생들이 자신의 생각을 드러내고 다듬는 데 서로 필요한 상호작용인 토론과 논의를 위해 교사들이 일반적으로 계획하는 수업은 실시간 수업이다. 새로운 수학 개념이나 까다로운 지문처럼 쉽지 않은 내용도 이 수업을 통해 다루는 것이 유용하다.

하지만 '실시간 학습을 가능한 한 많이 하는' 수업 모델로 결정하기 전에 세 가지 요소를 명심하는 것이 중요하다.

첫째, 현장 수업에 필요한 기술(내용 전달력, 참여도를 끌어올리는 전략, 교실 관리)에 탁월하면서도 흡인력 있는 양질의 실시간 수업을 위해 화면과 플랫폼을 관리할 수 있는 교사를 기르거나 찾는 일이 쉽지 않다는 점이다.

비실시간 수업의 경우 완성된 수업 영상을 올리기 전에 코칭과 피드백 받을 시간적 여유가 있다. 양질의 최종 영상을 만들기 위해 녹화를 여러 번 시도할 수도 있다.

둘째, 앞서 언급했듯 화면으로 인한 피로는 교사를 비롯하여 성인과 어린이 모두에게 해당되는 문제점이다. 어떤 연령대의 학생이라도 온라인 수업에서 6교시 내내 온전히 집중할 수는 없다. 하루에 몇 시간 동안 전문적인 수업을 하는 교육자라도 말이다. 이는 교사가 아무리 흡인력 있게 가르치거나 유능하더라도 마찬가지이다.

비실시간 수업에서 학습자는 각자의 속도에 맞추어 학습할 수 있다. 뿐만 아니라 전원을 완전히 끈 채로 학습 과제를 완수할 수도 있는데

이는 집중하는 데 굉장히 좋은 상태이다.

셋째, 실시간 수업의 이점인 동시에 난제는 모든 참여자들이 동시에 출석해야 한다는 점이다. 만일 어떤 온라인 강의를 듣는 학생들이 막중한 양의 공부를 하는 고등학생들이라고 가정해 보자. 온라인 수업을 맡은 교사들이 전부 혹은 대부분 어린아이나 집에서 온라인 수업을 듣는 초등생 자녀가 있다고 해보자.

이런 상황이라면 하루 종일 실시간 수업을 하는 것은 힘들 수 있다. 그러나 교사들이 비실시간 수업과 실시간 수업 사이의 시너지 효과를 최대화하는 방법을 찾는다면 많은 학생들이 아주 성공적인 학습 성과를 낼 것이다.

비실시간 수업과 실시간 수업을 효과적으로 결합하는 방식들

'비범한 학교(Uncommon Schools, 뉴욕과 뉴저지 주 등에서 저소득층 학생들의 대학 진학을 돕기 위해 결성된 교육 단체)'에 소속된 우리의 동료들은 학습 혼합 모델로 쓸 만한 구성을 검토해 보았다. 여기서 고려한 방식은 선도 교사(학과장이나 지도 교사)가 모든 학생들이 시청하는 비실시간 수업을 녹화하는 것이다. 이 교사가 한 학년 동안 이 학생들을 담당한 교사인지 여부는 상관없다.

가령 보스턴에 있는 저명한 중학교 1학년 과학 교사가 보스턴, 뉴어크, 브루클린에서 과학을 수강하는 모든 중학교 1학년 학생들이 듣는 수업을 녹화할 수 있다. 학생들은 그 수업을 들은 후 자신의 담당 교사에게 과제를 제출한다. 그러면 교사는 구글 클래스룸(Google Classroom) 포럼과 격주에 한 번씩 전화로 피드백을 해준다. 이런 식으로 다양한 실시간 학습 방안을 통해 비실시간 학습을 보완하고 교사 인력을 최대한 활용할 수 있다.

개별 학습 계획을 세운 모든 학생들과 추가적인 도움이 필요한 학생들은 학습 목표를 달성하기 위해 매일 소규모 실시간 수업에 참여하면 된다. 또다른 실시간 학습 지원도 가능하다. 특정 단원을 어려워하는 학생들에게 실시간 수업을 하는 것이다. 이 수업에서 학생들은 어려운 내용에 대한 설명을 다시 듣고, 추가적인 연습 문제를 다른 학생들과 같이 풀게 된다.

교사들은 학생들이 실시간으로 참여할 수 있는 오피스 아워(office hours, 수업과 별개로 자유롭게 면담할 수 있는 시간 - 옮긴이)를 마련할 수 있다. 학생들이 신청해 참여할 수도 있고 교사가 학생들을 초대할 수도 있다.

교과 수업은 전적으로 비실시간 수업으로 하는 학교도 있다. 대신 실시간 커뮤니티를 운영한다. 학생들은 여기서 시사문제를 토론하거나 어려운 문제를 해결하고 성공을 축하할 수 있다. 많은 학교에서 학생처장들이 이러한 실시간 커뮤니티를 만드는 역할을 한다.

실시간과 비실시간 수업을 효과적으로 결합하는 또다른 방식은 거꾸로 교실(Flipped Classroom) 모델이다. 이는 비실시간 교육 영상을 통해 모든 교과 학습을 진행하고, 실시간 수업을 통해 문제를 풀고 논의하고 틀린 부분을 고치는 방식이다.

학생들은 비실시간 교육 영상을 시청하고 개별 과제를 완성한 후 수업에 임해야 한다. 그래야 교사가 그룹 활동을 하기 전에 각 학생의 학습 수준을 빠르게 파악할 수 있다.

이 책을 읽는 독자가 개인 교사라면 이렇게 학교 운영과 관련된 결정을 내릴 권한은 없을 것이다. 하지만 자신이 맡은 반에서 비실시간 학습과 실시간 학습을 이상적으로 결합하는 일은 교사의 재량이다. 에릭 스나이더 교사의 『어느 뜨거웠던 날들』 수업을 다시 살펴보자.

에릭 교사는 바로 완수 과제 시간이 지난 후 오디오북 발췌 부분을 틀어주며 학생들에게 따라 읽으라고 한다. 이어서 학생들이 개별적으로 해결해야 하는 과제를 준비한다. 학생들은 과제를 각자 알아서 하지만 실시간 수업 상태는 유지된다.

그는 이때를 '절정의 순간'이라고 표현한다. "핀은 왜 계속 소리를 지를까" "이제 각자 읽으면서 반전을 찾아내봐"처럼 그 시간을 흥미롭고 중요하다고 여기게 만드는 온갖 질문을 준비해 둔다.

▶ **비디오 클립 에릭 스나이더 "실시간 수업과 비실시간 수업의 결합"**
https://www.wiley.com/go/newnormal

그는 학생들이 각자 과제를 수행하는 동안 명확한 과제 지침을 화면에 계속 띄워놓는다. 학생들의 집중력과 주의력을 강화하기 위해 "아르마니, 선생님이 널 보고 있어"라고 친근한 목소리로 말하며 시간이 더 필요한 사람은 채팅창에 메모하라고 한다.

또한 수업의 마지막 부분을 학생들이 각자 과제를 할 수 있는 시간으로 구성한다. 이 시간에 그는 학생들이 과제를 하며 타이핑하는 모습을 관찰한다. 그러면서 수업 종료 10분 전에 자신이 학생들을 계속 보고 있음을 표현해 준다.

"재즐린이 마무리 질문의 답을 작성 중이고…… 제이리랑 조던 디도 작성 중이네. 제임은 증거를 찾기 위해 본문을 다시 읽고 있구나. 정말 잘

하고 있어, 제임." 에릭 교사와 학생들은 수업 끝까지 집중해서 참여하고 책임감을 유지한다. 이 수업은 실제 교실의 분위기가 충만하다.

미리 촘촘하게
계획하라

원격 학습을 위한 계획을 세울 때는 실제 교실 수업에서 쓰는 기술들을 상당 부분 활용하게 된다. 그렇다 해도 성공적인 수업을 하려면 만반의 준비를 해야 한다. 물론 원격 수업에서 교사는 오버헤드 프로젝터(OHP)를 작동하는 와중에 교실에 설치된 전화기가 울려대고 한 학생이 화장실에 가겠다고 말하는 상황에 부딪히지 않는다.

하지만 파워포인트 슬라이드를 빠르게 넘기며 가르치는 동시에 화면에 뜬 작은 대화창들을 보며 학생들이 쓴 내용을 읽고 학생들의 이해도와 참여도를 평가하려 애써야 할 것이다.

그러려면 수업안을 미리 작성해야 한다. 간결한 언어를 사용하고 속도 내기를 적절히 해야 한다. 대기 시간을 활용하고 참여 방식을 다양하게 만들어야 한다. 무엇보다 수업을 녹화하기 전이나 실시간 수업을 하기 전 수업 내용을 완벽히 숙지해야 한다.

온라인 수업에서는 다음과 같은 계획 세우기 요소가 더욱 중요하다.

① 전체 수업 계획을 읽으며 맥락을 파악한다.

원격 수업을 위해 실제 교실 수업을 새로운 순서로 배열하고 내용을 조정할 수 있다. 그러나 전체 수업 계획을 읽지 않고서 이 작업을 정확하게 하기는 어렵다. 더욱이 한 수업을 다른 수업과 연결하거나 특정 활동의 목적을 설명하기 위해 교사가 의도적으로 사용하는 언어는 원격 수업에서 더 중요하다.

전체 수업의 맥락을 완벽히 알지 못하면, 이것이 왜 중요하고 더 큰 계획과 어떻게 연결되는지 파악하지 못하면, 그 수업을 잘 해내겠다는 목적을 달성하기가 불가능하다.

② 교사가 본인을 우등생이라 가정하고 과제에 대한 모범 답안을 만든다.

이 과정은 학생의 숙달된 상태에 대한 완전한 윤곽을 잡아 학생들이 그 상태에 이르도록 더 꼼꼼하게 지도하는 데 도움이 된다. 이는 학생이 어떤 부분을 잘못 이해할 수 있는지 예상할 수 있는 가장 유용한 방법이기도 하다.

모범 답안을 만드는 일은 원격 수업에서 더욱 중요하다. 10세 학생들 25명을 관리하면서 채팅창을 통해 학생들의 이해도를 판단하려면 참조할 간결하고 명확한 모범 답안이 필요하다. 특히 비실시간 수업을 할 경우 교사는 잘 모르겠다는 표정이나 자신감 있게 손을 드는 모습을 보지 못한다. 그러니 학생이 헷갈릴 수 있는 부분을 미리 철저히 예상하여 선제적으로 대응할 필요가 있다.

교사가 무작위 호명으로 질문을 했을 때 잡음이 뒤섞여 들리거나 학생이 머뭇머뭇 말하면 학생의 대답이 잘 안 들릴 수도 있다. 이때 훌륭한 구두 답변이 어느 정도인지 교사는 정확히 알고 있어야 한다. 작업 기억

용량을 낭비해서는 안 된다. 원격 수업 특유의 난제들을 성공적으로 해결하기 위한 준비는 가르치는 내용을 완벽하게 아는 것에서 시작된다.

계획 세우기의 마지막 요소는 화면이 중대한 역할을 하는 원격 수업에서 더 중요하다. 이는 실시간 수업과 비실시간 수업 모두 마찬가지다. 수업에서 이미지 사용은 상당히 효과적이지만 반드시 제대로 된 구성이 필요하다.

데이지 크리스토둘루(Daisy Christodoulou)는 그녀의 명저 『교사 대기술?(Teachers vs Tech?)』에서 리처드 메이어(Richard Mayer)가 말한 멀티미디어 학습에서 발생하는 두 가지 현상을 설명한다.

첫 번째 현상은 주의 분산 효과(split attention effect)이다. 알맞은 때에 적절한 공간에 적은 수의 글자를 띄우고 이미지에 대해 내레이션을 하는 식으로 문자와 이미지를 통합해야 한다.

그래야 학생들이 가장 중요한 개념에 대해 작업 기억을 집중적으로 가동할 수 있다. 내용을 길게 설명하고 이에 대한 이미지를 제시하는 것보다 이 방법이 훨씬 효과적이다. 설명과 이미지를 통합해야 한다.

두 번째 현상은 중복 원리(redundancy principle)이다. 좋은 교육용 그래픽을 만들려면 학생들이 중요한 내용에 집중할 수 있도록 관련 없는 내용을 제거해야 한다. 즉 이미지들을 그저 잘라서 모아놓아서는 안 된다. 다른 출처에서 가져온 이미지들을 단순하게 만들어야 한다.

세인트 루이스 고등학교의 조슈아 험프리 교사의 수학 수업은 좋은 사례이다. 조슈아 교사의 그래픽들이 얼마나 간결한지 확인해 보라. 그의 설명을 뒷받침하고 학생들이 참조 시트에서 관련 부분에 집중하게 하는 작은 강조 표시도 확인해 보길 바란다.

▶ **비디오 클립** 조슈아 험프리 "참조 시트"

https://www.wiley.com/go/newnormal

수업 내용을 철저히 준비했다면 이제 수업 과정에 집중해야 한다. 이는 실제 교실에서 했을 수업을 실시간 수업이나 비실시간 수업 환경으로 옮겨놓는 방법을 생각해야 한다는 말이다. 바로 이 지점에서 효과적인 계획 세우기라는 문제가 크게 느껴진다. 이때 다음의 사항을 고려하는 것이 중요하다.

- 어떻게 학생들을 책임감을 갖고 공부하게 만들지 결정했는가? 다시 말해, 학생들이 실제로 공부할 것이라는 점을 어떻게 확신할 수 있는가?
- 비록 화면을 통해 만나지만 귀중한 상호작용을 하는 교사와 학생의 학습 관계를 형성하고 발전시킬 의지가 있는가?
- 원격 수업 환경에서 주의력 저하 문제에 대응하기 위해 학습 내용을 간결하게 하고 우선순위를 정했는가?

이 책의 뒷부분에서 온라인 수업의 계획을 세울 때 직면하는 문제들에 대처하는 데 도움이 될 방법을 제시하겠다.

일반적으로 원격 학습에는 비실시간 학습과(각자 다른 시간과 장소) 실시간 학습(같은 시간과 다른 장소)이라는 두 가지 형태가 있다.

- **비실시간 수업의 장단점:** 이 수업을 할 때 교사들은 최종 영상에, 학생들은 학습 시간과 장소에 더 큰 통제력을 갖게 된다. 이 수업을 여러 반에서 공유할 수도 있다. 반면 학생들의 참여도를 평가하고 유대감을 파악하는 데 한계가 있다.
- **실시간 수업의 장단점:** 실시간 수업을 제대로 하면 실제 교실의 학습 효과를 상당 부분 재현할 수 있다. 하지만 이렇게 하는 것이 구조적으로 복잡할 수 있다. 특히 어린아이를 자녀로 둔 교사들의 경우 더 그렇다.
- **시너지 효과를 내는 모델 구성하기:** 학습의 두 유형에는 장단점이 있다. 두 가지 유형을 최대한 활용하고 그 사이의 시너지 효과를 이용할 방법을 찾는 것이 현명하다.
- **필요한 일에서 중요한 일이 된 계획 세우기:** 계획 세우기는 교실 수업보다 온라인 수업에서 훨씬 더 중요하다. 일반적으로 원격 수업에 '준비가 되었다'는 것은 '모범 답안 완성, 간결한 언어 사용, 적절한 속도 내기, 대기 시간 활용, 참여 방식 다양화, 녹화나 실시간 수업 전 수업 내용의 완벽한 숙지'를 의미한다

2장

화면 장벽을 넘어
교사와 학생이 서로 연결되기

Teaching in the Online Classroom

교사는 실제 교실이 신뢰, 존중, 공동체 의식을 기반으로 한 지적 에너지로 가득 차 있을 때 가장 행복하다. 하이파이브, 모범 답안에 별표 표시, 학생이 오해한 부분을 바로 잡았을 때 "정말 잘했어"라고 열정적으로 말해 주는 것은 노력을 알아보고 인정해 주는 제스처이다. 학생들은 이러한 제스처를 보고 선생님이 자신들의 노력을 인정하고 참여를 환영한다고 느낀다. 또 자신들이 잘되기를 바란다는 것도 느낀다.

네 개의 벽으로 에워싸인 교실 안에서 교사인 우리는 학습 공간을 만든다. 이 공간에서 학생들은 교사와 연결되어 있다고 느끼고 교사 역시 학생들과 연결되어 있다고 느낀다. 이런 공간을 만드는 일은 학생들의 학습 성과에 중요하며, 교사라는 직업에서 느끼는 가장 흐뭇한 부분이기도 하다. 그렇다면 교실에 가지 못하는 상황에서 학생들과의 유대감을 계속 형성하고 유지하는 방법은 무엇일까?

똑같은 물리적 공간에 함께 있지 못할 때 유대감을 형성하는 일은 더 어렵게 느껴지며 실제로도 쉽지 않다. 우리가 수개월 동안 형성한 활기 넘치는 문화와 관계의 기반이 된 연결고리들이 갑자기 손에 잡히지 않는 지점으로 사라져 버린 것 같다.

교실이라는 공간을 통해서 우리가 학생들에게 보낼 수 있는 수많은 신호, 몸짓 언어의 미묘한 메시지들, 학생들이 또래와 주고받는 영향력은 이제 서로 얼굴만 보이고 학생들 목소리는 종종 들리지 않는 화면의 작은 공간으로 제한되었다.

처음에 원격 수업으로 전환되었을 때 학생들과 얼마나 유대감을 발전시키고 유지할 수 있을지 걱정되었다. 가상 학교의 교실 문화, 학생과 교사 사이의 유대감에 어떤 일이 발생할지도 말이다.

다행히 교사들과 학생들이 원격 수업에 적응하는 모습이 담긴 영상을 보면서 컴퓨터 화면을 통해서도 관계를 형성하고 유지하는 일이 가능하다는 사실을 알게 되어 기뻤고 안도했다.

어떤 영상을 볼 때는 실제로 교실에 있는 듯한 기분도 들었다. 교사와 학생 사이의 거리도 잘 느껴지지 않았다. 우리는 교사와 학생 사이에 유대감이 존재하는 순간을 지속적으로 더 많이 목격했다. 그러면서 '화면 장벽 해체(Dissolve the Screen)'라는 용어로 이 순간에 대해 언급하기 시작했다.

학업을 통한
유대감 쌓기

○ 화면 장벽 해체는 교사와 학생들 사이에 여전히 존재하는 소통에 대한 학생들의 인식을 강화하기 위한 것이다. 이것은 단순히 우리가 학생들에게 신경을 쓰고 있다는 점을 알려주는 것이 아니다(물론 신경을 많이 쓰는 것이 좋다). 학생들이 연결된 기분과 책임감을 동시에 느낄 수 있도록 학업을 통해서 유대감을 형성하는 일이다. 교사는 화면 장벽을 해체함으로써 다음과 같은 명확한 메시지를 전한다.

"선생님은 네가 노력하고 있는 모습을 보고 있단다. 이건 중요해. 네 학습에 책임을 지고 좋은 성과를 내렴. 그러면 넌 우리 학급 문화에 기여하는 거란다. 네가 배움에 전념할 때 우리는 서로 연결되는 거야. 왜냐하면 선생님은 너의 노력을 알아보고 그것을 가치 있게 여기거든. 또 그것으로 우리는 행복을 느낄 수 있단다."

학습 콘텐츠를 통해 학업적으로 연결되는 데 중점을 두어야 한다. 교사가 저지를 가능성이 있는 실수는 학생들과 좋은 관계를 유지해야 한다는 불안한 마음에 학습을 부차적으로 여기는 환경을 만드는 것이다.

가령 수학 수업으로 배정된 30분 동안 제대로 된 학습 없이 사적인 화상 채팅을 하는 경우이다. 역설적이게도 이렇게 되면 학습뿐만 아니라 우리가 중시하는 사제 관계도 침해된다. 함께 한다는 목적을 수업을 통해 강화하지 않으면 교사는 학생들의 존경을 받지 못한다. 그 결과 학생들과 의미 있는 관계를 형성하는 교사의 능력은 떨어질 것이다.

물론 교사인 우리가 학생과 학생의 가족에 대한 관심을 드러내는 다양한 방법이 있다. 그에 대해서는 이 장 마지막 부분에서 몇 가지 방법을 간단히 살펴보려고 한다. 그렇지만 우리의 관심을 전달하는 가장 효과적인 방법은 잘 가르치는 것이다. 실력은 교사가 신뢰를 쌓는 가장 중요한 방법 가운데 하나이다. 따라서 교사와 학생을 온전히 연결하는 방식으로 가르치는 일이 중요하다.

화면 장벽 해체는 온라인 수업과 영상 학습을 위한 자원이 풍부한 이 시대에 특히 중요하다. 학생들에게 칸아카데미 동영상 링크를 보내주고 그걸로 끝이라면 이는 손쉬운 일이다.

하지만 동영상을 통해 정보를 얻는 것과 온라인 교실 커뮤니티의 일원으로 느끼는 것 사이에는 중요한 차이가 있다. 학생들이 온라인에서 배우는 방법은 많다. 그러나 화면 장벽 해체는 교사가 활기차고 참여적인 온라인 교실 문화를 만들 수 있는 방법이다.

궁극적으로 이렇게 할 때 신뢰가 쌓여 간다. 모두 가정의 컴퓨터 앞에 앉아 있고 서로 거리가 있다는 점은 피할 수 없는 현실이다. 우리는 화면 속에 존재하지만 서로의 부재를 느낀다. 그리고 학생들은 이를 더 심하게 느낀다.

하지만 교사가 화면의 장벽을 해체하려고 노력하면 학생들에게 다음과 같은 사실을 깨닫게 해준다. 한 인간으로서 선생님은 학생들을 위해 이 자리에 있으며, 역시 한 인간으로서 이 자리에 있는 학생들을 지켜보고 인정해 주고 있다는 점을. 그리고 계속해서 함께 배움을 이어나갈 것이라는 점을.

관계를 위한 틀—성취 경험, 안전한 느낌, 인정받는 기분

최근 몇 년 동안 우리 팀은 학생과 교사의 관계를 형성하고 유지하는 일에 대해 생각하는 기준이 될 틀을 제안했다. 우리는 원격 학습을 하는 시기에 이 틀이 가치 있다고 생각한다. 학생들은 교사와의 관계가 공고할 때 성취 경험, 안전한 느낌, 인정받는 기분을 느낀다.

- **성취 경험:** 학생은 자신을 지지하고 진정한 성공을 느끼도록 독려하는 교사들과 유대감을 느낀다. 여기서 진정한 성취 경험이 중요하다. 학생들은 무의미하고 쉬운 성취와 학습의 새로운 수준으로 도약하게 만드는 성취를 구별할 수 있을 만큼 눈치가 빠르기 때문이다. 학생이 교사를 '학교라는 세상에서 지적이고 성공적으로 항해하도록 이끄는 유능한 안내자'라고 느끼고 믿을 때 신뢰가 자연스럽게 생겨난다는 말이다.
- **안전한 느낌:** 학생은 자신과 친구들을 신체적, 정서적, 학습적 측면에서 안전하다고 느끼게 만들어주는 교사에게 유대감과 신뢰를 느낀다.
- **인정받는 기분:** 학생은 교사가 자신이 낸 결과물이나 자기 자신의 남다른 면을 알아봐 주고 인정해 줄 때, 현재 자신의 행동이나 성과에 국한되지 않고 자신이 어떤 사람이고 어떤 사람이 될지 알아봐 줄 때, 교사에게 긍정적으로 반응하고 유대감을 느낀다.

같은 교실에
있는 것처럼

○ 우리가 처음 본 원격 수업 영상은 브루클린 라이즈 차터스
쿨의 레이철 신 교사가 만든 영상이었다. 레이철 교사가 그 수업에서 학
생들이 풀 이야기 수학 문제를 내는 영상의 분위기는 따뜻하고 안정적
이다. 긍정적이고 친숙하며 친절한 그녀의 모습을 화면으로 보면 마음이
편안해진다. 그 수업 영상에서 캡처한 부분을 여기에 실었다.

레이철 교사는 미소를 짓고 있다. 그런데 이 교사의 몸짓 언어에도 주
목해 보자. 그녀는 마치 학생의 책상 앞에 있는 듯 몸을 카메라 쪽으로
기울이고 있다. 영상으로 이 장면을 보고 있노라면 같은 교실에 있다는

▶ 따뜻한 미소로 학생들과 교감하는 레이철 신 교사

상상을 하기 쉽다. 그녀는 학생들과 같은 공간에 있는 것처럼 행동하며 엄지척을 해준다. 그런 후 웃으면서 부드러운 목소리로 "잘했어요"라고 말해 준다.

또 학생들에게 문제를 풀라고 할 때 영상을 끝까지 보게끔 동기부여도 한다. "영상 마지막에 짤막한 문제가 있어요. 그러니까 영상을 다 보면 답을 알 수 있을 거예요!" 레이철 교사는 학생들이 알고 있는 루틴을 계속 지킨다. 학생들은 "어제 함께 했던 것처럼" 그날의 수학 문제를 푼다.

심지어 "일-일-일-일의 자릿수에 밑줄을 쳐요!"처럼 교실에서 같이 읊조렸던 말을 한다. 그러면 어린 학생들은 영상을 보며 따라서 읊조린다. 학생들은 교사가 자신들이 알고 있는 것을 제시할 때 더 열심히 참여할 수 있다. 바로 이 점이 신뢰를 높이는 부분이다.

▶ **비디오 클립** 레이철 신 "이야기 수학"

https://www.wiley.com/go/newnormal

세인트 루이스 고등학교의 조슈아 험프리 교사가 진행한 수학 수업은 이 개념이 좀더 고학년 학생들에게 적용된 경우이다. 우리는 영상을 보면서 계속 기억해야 한다. 그가 문장으로 표현된 식을 수식으로 바꾸는 내용에 대한 수업을 자신의 거실에 혼자 앉아 녹화하고 있다는 점을 말이다. 그런데도 마치 그가 우리에게 바로 말하고 있는 것처럼 느껴진다. 이는 비실시간 수업에서도 관계가 중요하다는 사실을 뒷받침해 준다.

조슈아 교사는 수업을 세심하게 준비하지만 강의 원고에 의존하지 않는다. 그는 "그러니까 다항식의 모든 부분을 선생님한테 설명할 수 있어야 해.

알았지? 이것은 무엇을 뜻할까?"처럼 대화하듯 말한다. 이러한 말투는 교사가 실제로 학생들과 함께 교실에 있다면 했을 행동을 보여주는 예이다.

▶ 비디오 클립　조슈아 험프리 "문장으로 표현된 식을 수식으로 바꾸기"
https://www.wiley.com/go/newnormal

영상을 보면서 마음에 들었던 화면 장벽 해체의 순간들은 정상적인 교실 수업이 이어진다는 느낌을 선사한다. 생소한 학습 환경에도 불구하고 레이철과 조슈아 같은 교사들은 학생들에게 한때 같이 지냈던 그리고 앞으로도 같이 지내게 될 교실을 떠올리게 해준다.

조슈아 교사는 바로 완수 과제를 제시할 때 이렇게 말한다. "자, 항상 그랬듯 맨 먼저 할 일부터 해야지. 모두 바로 완수 과제부터 해보자."

상황은 다를지 모르지만 학습 체계는 안정적이고 공고하다. 그들은 실제 교실에서 쓰던 방식을 최대한 많이 뽑아내어 영상을 통해 재현한다. 그래서 교실의 분위기가 그들의 수업을 통해 그대로 묻어난다.

학생들이 여러 해 동안 보낸 실제 교실 수업과의 연속성을 가능한 한 많이 유지할 때 화면 장벽 해체는 훨씬 수월해진다. 수업 공간, 수업 자료, 학생 과제 자료를 익숙한 체계에 맞게 준비할 방법을 생각하라. 그래야 학생들이 학습을 할 때 좀더 편안함과 자신감을 느낀다.

심지어 타이핑한 내용이 아니라 손으로 직접 쓴 이미지를 보여주는 것은 익숙함을 통해 학생들과 유대감을 느끼는 한 방법이다. 학생들은 이렇게 생각한다. "저기에 선생님의 손 글씨가 있네!"

레이철 교사가 그러듯 공간과 자료를 준비하는 것을 넘어 교사가 마치 교실에 있는 것처럼 행동하는 일이 중요하다. 일관된 언어적 신호와 비언어적 신호를 사용하고, 교사답게 옷을 차려입고 수업을 녹화하고, 서서 가르치는 것이 그러한 행동이다.

브루클린에 위치한 베드퍼드 스타이브센트 칼리지어트에서 중학교 2학년 독서 선생님으로 있는 숀 리프(Sean Reap)는 『앵무새 죽이기』의 한 장을 요약할 때 대화하듯 말한다. "그러더니 스카우트가 그 껌을 먹었어! 제정신일까?"라고 큰 소리로 말하는 그는 분명 학생들의 상기된 표정을 상상할 것이다(이 책의 주인공 스카우트가 나무 옹이 구멍에서 발견한 껌을 꺼내서 먹는 장면을 보고 한 말이다 – 옮긴이).

그는 학생들을 수업에 곧바로 끌어들이고 책을 흥미롭게 느껴지게 만든다. 책을 함께 읽는 것은 선물 같은 시간이다. 하지만 그는 이 시간을 과도하게 쓰지 않으면서도 학생들이 그날의 수업에 들어갈 준비를 하도록 매끄럽게 연결한다.

▶ **비디오 클립** **숀 리프** "그러더니 스카우트가 그 껌을 먹었어!"
https://www.wiley.com/go/newnormal

특히, 고학년 학생들의 경우 불신의 유예(suspension of disbelief, 가상의 이야기에 몰입하게 되어 상식적, 현실적으로 맞지 않는 부분도 개의치 않게 되는 것을 뜻한다 – 옮긴이) 현상이 일어난다. 물론 숀 교사와 학생들은 그 말이 진정한 대화가 아니라는 사실을 안다.

레이철 교사의 학생들이 선생님처럼 화면에 대고 실제로 엄지척을 할 수도 있지만 하지 않을 수도 있는 것처럼 말이다. 하지만 우리는 참여도를 높이고, 수업 내용을 통해 서로 연결되고, 원격 수업의 효과를 올리기 위해 실제 교실에서 하듯 '시선을 끌기 위한' 노력을 할 가치가 있다고 생각한다.

화면 속
학습 분위기를 감지하라

○ 실제 교실에서 활용하는 요소들을 원격 수업에 도입하는 일은 유대감을 형성하기 위한 화면 장벽 해체의 한 측면에 지나지 않는다. 실제 교실에서 교사가 학생들과의 유대감을 위해 쓸 수 있는 가장 강력한 도구는 학습 분위기와 교실 문화를 '감지하는' 능력이다.

일반적으로 교사는 학생들이 학습을 잘 따라오는지, 힘들어하는지 판단할 때 수많은 미묘한 신호에 의존한다. 몸짓 언어나 얼굴 표정의 변화가 그러한 신호이다. 교사는 학생들이 문제를 푸는 시간에 교실을 돌아다니면서 학생들의 답을 들여다본다. 그러면서 피드백을 해주고 적절한 설명을 해준다.

반면 원격 수업 환경에서 '교실 분위기를 파악하고' 학생들이 어느 부분을 잘 이해하고 어느 부분을 어려워하는지 실시간으로 관찰하는 일은 상당히 어렵다.

원격 수업 환경에서 교사가 학생들이 작성한 답이나 과제를 통해 학생들과 연결되려면 학생들의 노력을 좀더 효과적으로 관찰할 수 있는 방법들을 찾아야 한다. 이는 교사가 학생들의 생각과 학습 상태를 들여다보는 능력을 극대화할 수 있는 학습 환경을 조성해야 한다는 의미이다.

이렇게 해야 학생에게 도움이 되게끔 효과적으로 반응할 수 있다. 하지만 학생들이 화면의 작은 창을 통해 출석하는 실시간 수업에서 이는 쉽지 않은 일이다. 교사가 학생들을 보지 못하는 비실시간 수업에서는 훨씬 더 어려운 일이다. 우리는 온라인 수업을 학생들과 학생들의 결과물을 더 제대로 볼 수 있게 조성하는 문제에 대해 고심하며 좋은 방안들을 수집했다. 여기에 몇 가지 방안을 소개한다.

실시간 수업에서 학생들을 관찰하는 방법

실시간 수업 환경에서는 교사가 재량껏 모든 수단을 사용하는 일이 중요하다. 교실 수업에서도 그렇듯 실시간 수업에서도 학생들을 제대로 파악하기 위해 수업 중에 다양한 도구와 기술을 써야 한다.

- **얼굴이 보이게 카메라 켜기:** 학생들에게 얼굴을 보이게 한 상태로 카메라를 계속 켜두라고 해야 한다. 그래야 교사가 학생들의 얼굴을 볼 뿐만 아니라 학생들이 서로의 얼굴도 볼 수 있다. 또한 온라인 수업에서 유대감이 강화되며 학생들에게 공동체 의식과 책임감이 생겨난다.
전체 그룹 토론 때는 화면 공유를 일시 중지하고 가능한 한 많은 얼굴이 보이도록 갤러리 뷰로 전환하는 것이 좋다. 이렇게 해야 교사와 학생들이 서로에게 직접 말할 수 있다. 또한 교사가 토론의 흐름을 판단하게 해주는 시각적 신호를 좀더 쉽게 알아차릴 수 있다.
예를 들어 토론 내내 꾸벅꾸벅 조는 학생을 큰 소리로 부르거나, 계속 입을 다물고 있지만 자기 의견을 제시할까 말까 망설이는 것처럼 보이는 학생을 무작위로 호명할 수 있다.

- **개인·공개 채팅:** 많은 온라인 학습 플랫폼에 있는 채팅 기능은 다양한 방법으로 학습 내용의 가독성을 최적화하는 데 도움이 된다. 공개 채팅에서 교사와 학생들은 서로의 생각을 실시간으로 확인하며 나중에 모두가 참고할 수 있도록 기록으로 남길 수 있다.

  교사와 학생 사이의 개인 채팅창은 학생이 걱정하지 않고 생각을 글로 쓰는 데 유용하다. 교사가 채팅창으로 개인적인 피드백을 해줄 수도 있다. 한편 어린 학생들이나 타자에 자신 없어 하는 학생들을 위한 방법도 있다. 하나의 단어나 구로만 답을 쓰도록 하는 것이다.

- **설문 조사:** 일부 프로그램에는 교사가 설문 조사를 할 수 있는 도구가 있다. 학생들은 버튼을 클릭하여 이에 응답한다. 이것은 수업 상태를 파악할 수 있는 훌륭한 첨단 기술이다.

  첨단 기술을 쓰지 않는 방식도 있는데 이는 특히 어린 학생들에게 유용하다. 가령 "엄지손가락을 올리거나 내리면 돼요. 여러분의 친구가 한 말에 동의하나요?"나 "답을 1번으로 골랐으면 손가락 한 개, 2번으로 골랐으면 손가락 두 개, 3번으로 골랐으면 손가락 세 개를 들어보세요"라고 말하는 것이다.

- **바로 보여주기:** 학생의 생각을 알기 위해 첨단 기술을 쓰지 않는 또다른 방법은 바로 보여주기라 불리는 방식이다. 이는 학생들이 종이나 작은 화이트보드에 각자 답을 쓴 후 이것을 카메라에 대고 보여주는 것을 말한다.

비실시간 수업에서 학생들을 관찰하는 방법

교사가 비실시간 수업을 받은 학생의 생각을 알 수 있으려면 학생의 생각이 반영된 과제를 받아야 한다. 그러므로 교사는 학습 환경을 조성할 때 학생이 수업에 기꺼이 참여하고 교사가 요청한 과제를 제출할 가능성을 최대한 높여야 한다.

- **제출 방법의 다양화:** 교사는 자신이 제시한 과제를 학생들이 제출할 수 있는 방법을 다양하게 마련해야 한다. 문자 전송, 손으로 작성한 과제를 사진으로 찍어 보내기, 이메일 전송, 음성 메시지 남기기 등이 있다.

  교사는 학생이 이용 가능한 기술을 감안하여 같은 과제를 다양한 방식으로 제출하도록 제시할 수 있다. 그러면 과제 제출이 지지부진해지는 현상을 막고, 한꺼번에 도착하는 메시지들을 더 잘 관리할 수 있다.

- **스스로에 대해 생각하게 만드는 질문하기:** "4번 질문의 답을 문자로 보내세요"처럼 수업 내용에 대한 질문 외에도 교사가 학생들의 발전 정도와 수업 분위기를 이해하는 데 유용한 질문이 있다. 바로 "자신이 향상을 이룬 부분과 여전히 어려운 부분에 대해 이메일로 작성해 보내세요" 같은 학생이 스스로에 대해 생각할 수 있는 질문이다.

- **도전 이용하기:** 학생들이 자신이 한 과제를 교사에게 보여주고 싶은 생각이 들도록 교사가 도전을 제시하거나 동기를 부여한다. 김 그리피스(Kim Griffith) 교사는 비실시간 수업의 인출 연습(Retrieval

Practice) 퀴즈에서 이를 현명하게 해낸다. 김 교사가 "자, 우리 팀원들" 하고 맨 처음 하는 말조차도 연대의식과 약간의 경쟁심을 불러일으킨다.

김 교사는 게임 프로 진행자 같은 열정도 보여준다. "정답을 얼마나 많이 맞히는지 볼까요. 자, 시작합니다!" 또 이 영상 마지막 부분에서 그녀는 학생들이 할 도전을 제시한다. "점수를 적어두세요. 다음 번 인출 연습 퀴즈에서 그 점수 이상을 받아야 해요. 선생님은 다음 번 퀴즈가 무척 기다려지는데요."

이는 배운 내용을 자기 것으로 만드는 일의 중요성을 전달할 뿐만 아니라 예측 가능성과 책임감을 강화하는 방법이다. 김 교사는 퀴즈를 다시 할 것이며 자신의 점수를 기록하는 일이 중요하다는 점을 분명히 밝힌다. 어느 교사는 이 영상을 본 후 이렇게 말했다. "김 선생님은 화면을 단순히 해체한 게 아니라 폭파시켰는데요!"

과제를 맨 처음 보내는 학생을 다음 날 수업에서 언급하겠다고 말하는 레이철 신 교사도 비실시간 수업에서 학생들에게 도전을 제시하는 본보기를 보여준다. 반드시 정확하지 않아도 된다면서 완성을 장려한다는 점을 주목해 보자. 노력을 중시하며 답이 틀린 숙제도 맞는 숙제만큼 가치 있다는 점을 내비친다.

▶ 비디오 클립 **김 그리피스, "자본가 계급"**
  https://www.wiley.com/go/newnormal

▶ 비디오 클립 **레이철 신, "레고"** https://www.wiley.com/go/newnormal

인정과 반응으로
유대감을 강화하라

 ° 학생들과 그들의 과제를 관찰할 수 있는 환경을 만들었다면 이제 학생들의 노력을 인정해 주어야 한다. 교사가 끊임없이 결과물을 요구하면서 인정해 주지 않는다면 학생과 교사와의 연결이 끊어질(실제로든 비유적 의미에서든) 가능성이 훨씬 높아진다.

 실제 교실에서 쓰는 기술 가운데 온라인 교실에서 교사가 학생의 노력을 알아보고 인정한다는 점을 학생에게 알리는 데 특히 유용한 기술이 몇 가지 있다.

• **긍정적인 말해 주기:** 원격 수업 환경에서 공부의 탄력을 형성하고 유지하려면 교사가 기대에 혹은 그 이상으로 부응하는 학생을 언급하고 인정해 주는 것이 유용하다.

일루미나 마요랄 아카데미 중학교의 5학년(미국에서는 보통 5학년 또는 6학년에서 8학년까지가 중학교에 속한다 - 옮긴이) 학생들에게 에릭 스나이더 교사가 진행한 실시간 독서 수업을 보자. 그는 이 수업에서 긍정적인 말의 힘을 보여준다.

에릭 교사의 학생들은 윌리엄스-가르시아의 소설 『어느 뜨거웠던 날들』을 읽는다. 그는 학생들의 이해도를 확인해 가며 읽기를 진행한다. 그러다 질문에 학생들이 답하면 곧바로 고마움을 전한다. "리자 고마워, 주완 고마워, 엘시 고맙다."

그는 학생들이 '내가 열심히 하는 모습을 선생님이 지켜보고 있다'고 느끼게 해준다. 또한 학생들이 모두 참여하는 모습을 볼 수 있게 해주어 적극적인 참여가 정상적인 것이라고 느끼게 해준다.

긍정적인 말해 주기는 비실시간 수업에서도 효과적이다. 교사는 지난 수업 이후 훌륭한 과제를 제출한 학생이나 학습에 적극적으로 참여한 학생의 이름을 말하고 칭찬할 수 있다.

▶ **비디오 클립** 에릭 스나이더, "델핀은 자부심을 느낀다"
https://www.wiley.com/go/newnormal

• **인정 대 칭찬:** 인정과 칭찬 사이에 건강한 균형을 유지하는 일이 중요하다. 쉽지 않은 학습 환경에서 노력한 학생을 과도하게 칭찬하고 싶은 마음이 들지도 모른다. 하지만 실제 교실에서 그렇듯 일상적 행동에 지나친 칭찬을 하면 진정한 칭찬의 힘이 희석된다. 그리고 수업 참여에 대한 기준이 낮다는 메시지를 무심코 전할 수 있다.

에릭 교사의 영상을 보면 그 차이를 확실히 알게 된다. 질문에 답한 모든 학생에게 고맙다고 말하는 그가 아르마니에게 어떻게 칭찬하는지 주목해 보자. "그 의미 아주 좋은데. 탁월한 생각이야."

이 순간은 아르마니에게 더 특별하다. 아르마니가 선생님의 칭찬이 진실되고 가치 있다는 점을 믿을 수 있기 때문이다.

• **전략적인 무작위 호명:** 학생들은 온라인 수업에 참여한다 해도 익명성을 느끼기 쉬워서 이런 생각을 할 수 있다. 선생님은 내가 여기 있다는 걸 알까? 나를 신경 쓸까? 내가 로그아웃하거나 휴대전화를 본다

고 뭐 달라지는 게 있을까? 이럴 때 교사가 무작위 호명을 잘 이용하면 학생들에게 책임감을 느끼게 할 뿐만 아니라 '선생님이 나의 출석과 노력을 중요하게 여긴다'는 확신을 줄 수 있다.

무작위 호명을 할 때 확실히 긍정적이고 포괄적인 언어를 사용하는 것을 고려하라. 교사는 "매기, 선생님은 이 구절에 대한 네 생각을 알고 싶다"거나 "매기, 넌 항상 문제를 해결할 때 흥미로운 관점을 보여주었지. 이 문제엔 어떻게 접근했어?" 같은 말로 학생과 그의 생각에 대한 관심을 전달할 수 있다.

학생의 개인적 관심사를 알고 있다면 이를 무작위 호명에 활용할 수도 있다. "매기, 선생님은 네가 동물 애호가인 걸 알아. 이 부분에서 이 말과 말을 탄 사람에 대한 묘사를 보고 어떤 생각을 했니?"

학생의 노력을 인정하는 것 외에 교사가 학생의 과제에 반응하는 방식은 유대감을 강화하고 원격 교실 문화 내에서 온정을 키우는 데 도움이 된다. 교사가 학생의 과제(심지어 정확하게 작성되지 않았더라도)에 대해 긍정적인 피드백을 해주며 선순환을 만들 때 학생들이 열정적으로 참여할 수 있는 환경이 형성된다.

- **모두에게 보여주기**: 어떤 학생의 답안이나 과제를 화면에 띄워 모든 학생이 볼 수 있게 하는 것은 긍정적인 피드백의 선순환을 형성하는 효과적인 방법이다 이렇게 하면 원격 수업이라는 제한적인 상황이지만 선생님은 학생들이 작성한 과제의 수준에 여전히 관심을 기울이며 앞으로도 많은 노력을 강조할 것이라는 메시지를 학생들에게 전

달하게 된다.

이스트뉴욕 중학교의 벤 에서(Ben Esser) 교사는 비실시간으로 진행된 6학년 독서 수업을 모두에게 보여주기로 시작하며 이 방법의 효과를 보여준다. 그는 앞으로 읽을 내용을 빠르게 설명하며 의욕적으로 시작한다. "오늘은 왕이 자리에서 쫓겨납니다."

그는 목적의식을 가지고 수업을 곧장 시작하여 학생들의 시간을 소중히 여긴다. 18초밖에 지나지 않았을 때 어제의 마무리 과제에서 '완벽한' 점수를 받은 학생들을 언급한다. 여기서 더 나아가 평균 이상의 과제 점수를 받은 학생들의 이름도 불러주고 뒤이어 두 학생의 마무리 과제 모범 답안을 보여준다. 여기서 전달되는 메시지는 중요하다. 벤 교사는 학생들의 삶에 덜 직접적인 존재이지만 학생들의 과

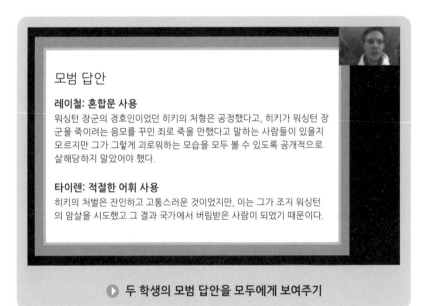

모범 답안

레이철: 혼합문 사용
워싱턴 장군의 경호인이었던 히키의 처형은 공정했다고, 히키가 워싱턴 장군을 죽이려는 음모를 꾸민 죄로 죽을 만했다고 말하는 사람들이 있을지 모르지만 그가 그렇게 괴로워하는 모습을 모두 볼 수 있도록 공개적으로 살해당하지 말았어야 했다.

타이렌: 적절한 어휘 사용
히키의 처벌은 잔인하고 고통스러운 것이었지만, 이는 그가 조지 워싱턴의 암살을 시도했고 그 결과 국가에서 버림받은 사람이 되었기 때문이다.

▶ 두 학생의 모범 답안을 모두에게 보여주기

제를 계속 관찰하고 평가한다. 이 일은 벤 교사와 학생들을 연결하는 데 중요한 역할을 한다.

▶ 비디오 클립 벤 에서, "훌륭한 과제" https://www.wiley.com/go/newnormal

그는 개인 채팅 기능을 이용하여 실시간으로 수업할 때에도 모두에게 보여주기를 활용한다. 학생들이 개인 채팅으로 제출한 과제 답안 중 '탁월한 답안'을 찾아내어 복사한 후 공개 채팅방에 갖다 붙인다. 모든 학생이 볼 수 있도록 말이다. 이는 학생의 노력을 강조하고 반 전체의 학습을 향상시키는 빠르고 효과적인 방법이다.

- **피드백:** 아무리 원격 수업이라도 구체적이고 시기적절한 피드백을 해주는 일은 효과적인 교육의 중요한 부분이다.
  피드백은 포괄적으로 하지 말고 구체적으로 해야 한다. 예를 들어 "아주 잘했어!"보다 "적절한 수학 용어를 사용해서 3번 문제의 답을 설명했구나"라고 해보자. 그래야 단순히 정답만 본 것이 아니라 학생 개인의 노력을 알아보았다는 메시지를 전달하여 서로에 대한 신뢰와 존중을 형성할 수 있다.

- **투명성:** 교사는 학생들이 제출한 과제가 수업에 대한 교사의 의사 결정에 어떻게 영향을 주는지 투명하게 밝혀야 한다. 그래야 학생들의 시간과 참여를 소중하게 여긴다는 점을 알려줄 수 있다. 가령 이런 말로 수업을 시작할 수 있다.

"오늘은 원래 다음 단원으로 넘어갈 예정이었는데 어제 보니까 우리 반이 나눗셈의 나머지 부분을 어려워하는 것 같아요. 그 부분을 완벽히 알고 넘어가야 해서 선생님이 연습문제를 좀 만들었어요."

비실시간 수업이라면 선택 안을 제시하여 투명하게 구별할 수 있다.

"어제 마무리 질문 두 개를 모두 맞힌 학생은 영상을 3분 뒤로 돌려서 보세요. 한 개라도 틀린 학생은 모범 답안 부분까지 계속 보세요."

- **실수에 관대한 문화:** 학생들의 실수를 코칭해 주는 것은 잘한 과제를 칭찬하는 것만큼이나 화면 장벽 해체와 유대감 형성에 도움이 된다. 교사는 실수를 학습 과정의 일환으로 받아들이고 실수에 관대한 온라인 교실을 만들어야 한다.

그럴 때 자신이 단순히 화면을 보고 수업만 하기 위해서가 아니라 올바로 가르치기 위해서 존재한다는 강력한 메시지를 보내게 된다. 교사가 학생들의 실수를 알아보고 수용하는 태도는 학생들에게 "선생님은 너희를 보고 있고, 너희를 돕기 위해 존재해. 우리가 함께 성장한다면 기쁠 것 같다"고 말하는 것과 같다.

화면의 한계를 넘어 유대감을 형성하는 몇 가지

우리는 온라인 교실의 한계를 넘어 학생들과 유대감을 형성하는 것도 중요하다고 생각한다. 학생들과의 개인적 관계와 학업적인 관계가 결합될 때 시너지 효과가 일어난다. 교사가 학생들을 개인적으로 알고 있으면 이를 학생들과의 학업적인 관계에 이용할 수 있다. 그리하여 화면 장벽을 해체하고 학생이 교사가 자신을 각별한 마음으로 관찰한다고 느끼게 할 수 있다.

레이철 신 교사가 이를 잘 보여준다. 이 교사의 학생 니콜라스는 뛰어난 수학 과제물을 제출했다. 그러자 그녀는 다음 날 수업을 시작할 때 그날의 문제에 대해 말하며 니콜라스를 언급한다.

"오늘의 문제는 니콜라스가 만든 거예요. 선생님은 현재 니콜라스가 세상에서 가장 좋아하는 것에 대해 말할 거예요…… 레고랍니다!" 그 이야기 수학 문제는 한 인간으로서도 학생으로서도 니콜라스에게 특별한 것이 되었다. 레이철 교사가 니콜라스와 그의 관심사를 알기에 가능한 일이었다.

▶ 비디오 클립 레이철 신 "레고" https://www.wiley.com/go/newnormal

화면의 한계를 넘어 유대감을 형성하는 그밖의 방법은 다음과 같다.

- 학생의 나이에 따라 전화를 걸거나 일대일로 문자를 보내는 것은 학생의 상태를 확인하는 빠르고 손쉬운 방법이다. 우리의 한 동료는 페이스타임(facetime)을 통한 소통이 학생들에게 특히 유용한 동기부여가 된다는 점을 발견했다.
- 가능하다면 사회적 거리두기를 지키며 학생을 만나는 것을 시도해본다. 가령 학생의 집 앞 진입로에서 서로 마주하거나 각각 현관 양

쪽에 자리한 채 대화하는 것이다.

- 비공식적인 소그룹 화상 채팅은 학교 생활에 아주 중요하다. 원격 수업 환경에서 사라진 또래 사이의 유대감을 회복시킬 수 있다. 학생들의 유대감을 촉진시키면 학급의 문화를 형성하는 데 도움이 된다. 교사는 학생들의 연령대에 맞추어 그 채팅에 동참하거나 동참하지 않을 수 있다.

- 학생들에게 화상 채팅을 통해 학급 활동을 계획할 기회를 주는 것도 좋다. 우리는 온라인 수업에서 스피릿 위크(spirit week, 주제를 가지고 다양하게 진행하는 학교 축제 – 옮긴이), 상식 퀴즈 대회, 의견 발표회, 그밖에 학생들이 각자의 개성을 좀더 드러낼 수 있는 활동을 한다는 이야기를 들었고 실제로 목격하기도 했다.

- 가족은 어떤 환경의 학습 커뮤니티에서도 중요한 요소이다. 그런데 원격 수업에서 가족과 교사의 연계는 더 영향력 있는 요소가 된다. 교사는 학생의 가족과 언제 어떻게 대화를 할 수 있을지 생각해 봐야 한다. 이는 학교와 가정의 연계를 강화하고 교사가 이 일에 함께 참여하고 있다는 점을 전달하기 위해서이다.

- 학생의 관심사와 의견을 조사하는 것은 학생이 자기 자신과 온라인 수업 동안의 경험에 대해 교사와 소통할 수 있는 유용한 방법이다. 이를 통해 교사는 수업 방향을 잡는 데 유용한 정보를 얻을 수 있다. 뿐만 아니라 학생들은 새로운 학습 환경의 방향에 대한 자신들의 의견이 존중받는다고 느낄 수 있다.

원격 수업으로 유대감 형성하기

다가오는 학년의 미래는 불확실하다. 상당수 학교들이 교육 과정에 적어도 몇 가지 유형의 원격 수업을 실시할 가능성이 높다.

교사들은 기존에 형성된 학생들과의 관계를 유지하는 일뿐만 아니라 새로운 학생들과도 관계를 형성해야 하는 문제에도 직면할 것이다. 2차원 공간에서 만나는 사람들과 관계를 맺는 방법은 무엇일까?

대부분의 교육자들에게 이는 미지의 영역이다. 우리는 교사들이 다가오는 새 학년을 시작할 때 다음에 나올 개념들을 조정하고 더 발전시켜 적용할 것이라고 생각한다. 이 제안들이 온라인 교실에서 연결과 교환의 문화를 확립하는 데 유용한 출발점이 되기를 바란다.

- 새 학년이 시작되기 전에 새로 만날 학생 개개인과 일대일 화상 채팅을 할 일정을 짠다.
- 새 학년에 대해 학생들과 이야기를 나눌 수 있는 질문 목록을 만든다. 봄에 했던 온라인 학습은 어땠어요? 어떤 부분이 마음에 들었나요? 어떤 점이 어려웠나요? 올해 무엇을 이루고 싶은가요? 이러한 질문들을 통해 교실 문화를 형성하는 데 도움이 될 귀중한 통찰력을 얻을 수 있다.
- 교사의 모습을 담은 짧은 영상을 찍는다. 가능하다면 '교실' 공간과 학습 내용 미리보기도 담는다. 학생들에게 이에 대한 응답으

로 자신을 소개하는 영상을 보내 달라고 요청할 수도 있다.

• 안전하게 사회적 거리두기를 지키는 선에서 학생들을 만나거나 가정을 방문하는 일정을 짠다. 우리가 한 교실에서 함께 하는 실제 구성원이라는 생각을 강화하면 학년 초에 긍정적인 교실 문화를 형성하는 데 도움이 된다.

• 현재 맡은 학생들을 새 학년 때도 맡는 것이 가능하다면 기존 관계를 활용할 수 있으니 고려해 보길 권한다. 학교 운영자들은 유연한 교원 배치 방안이 새 학년에 특히 유용하다고 생각할 수 있다.

- **화면 장벽 해체:** 이는 매개물의 한계를 최소화하여 교사와 학생 사이의 소통을 끌어내는 것을 말한다. 실제로 학생들이 책임감과 연결된 느낌을 동시에 느낄 수 있도록 학업을 통해서 유대감을 형성하는 일이다.

- **교실 분위기 재현:** 성공적인 원격 수업 '교실'에서 두드러지는 특징은 정상적인 교실 수업이 이어진다는 느낌이다. 생소한 학습 환경에도 불구하고 훌륭한 교사는 학생들에게 한때 같이 지냈던, 앞으로도 같이 지내게 될 교실을 떠올리게 해준다. 교사가 교실에서 보였던 언어적, 비언어적 신호와 함께.

- **학생과 학생의 과제 관찰:** 원격 수업 환경에서 교사가 학생들이 작성한 과제를 통해 학생들과 연결되려면 학생들의 노력을 효과적으로 관찰할 수 있는 방법들을 찾아야 한다. 학생들의 생각과 학습 상태를 들여다보는 능력을 극대화할 수 있는 학습 환경을 조성해야 한다.

- **인정과 반응:** 학생들의 노력을 인정해 주어야 한다. 교사가 끊임없이 결과물을 요구하면서 인정해 주지 않는다면 학생과 교사와의 연결이 끊어질 가능성이 훨씬 높아진다.

- **화면의 한계를 넘어:** 온라인 교실의 한계를 넘어 학생들과 유대감을 형성하는 것도 중요하다. 학생들과의 개인적 관계와 학업적인 관계가 결합할 때 시너지 효과가 발생한다. 교사가 학생들을 개인적으로 알고 있으면 이를 이용하여 화면 장벽을 해체하고, 학생이 교사가 자신을 각별한 마음으로 관찰한다고 느끼게 할 수 있다.

3장

원격 수업의 최대 난제,
주의산만 극복하기

Teaching in the Online Classroom

교실에서 집중하고 참여하는 문화를 공고하게 구축하는 것은 중요하다. 학생들의 주의를 쉽게 산만하게 만드는 기기들로 상호작용하는 온라인 수업에서 이러한 문화를 구축하는 일은 두 배로 중요하고 두 배로 어렵다. 이는 원격 수업의 근본적인 난제이다. 언제든 클릭 한 번으로 주의가 산만해질 수 있다.

대니얼 윌링햄(Daniel Willingham)은 『왜 학생들은 학교를 좋아하지 않을까?』에서 작업 기억과 장기 기억의 기능, 이 두 가지가 학습에 끼치는 영향을 설명한다. 그는 작업 기억이 학습과 고등 사고 능력에 가장 적극적인 역할을 한다고 설명한다. 이 때문에 비판적 사고를 할 수 있다. 인간의 작업 기억 덕분에 『햄릿』, 페니실린, 상대성 이론이 탄생했다.

하지만 작업 기억에도 단점은 있다. 작업 기억에 과부하가 걸리면 아웃풋(output)의 질이 떨어지기 시작한다. 혹은 새로운 정보를 받아들이기 어렵다. 작업 기억의 용량에 한계가 있기 때문에 우리는 이를 유지하기 위해 신경 써야 한다.

반면 장기 기억의 용량에는 한계가 거의 없다. 장기 기억에 저장된 정보를 호출하는 것은 작업 기억이 제공하는 통찰력에 종종 중요한 역할을 한다. 뿐만 아니라 주어진 주제에 대해 더 많이 배우고, 각 사항들을 잘 연결할수록 그 주제에 대한 내용을 더 잘 기억하게 된다.

따라서 학생들이 가진 작업 기억의 한정된 용량을 유지하게 해주고 부호화(encoding, 감각 정보가 기억 속에 저장 가능한 표상으로 전환되는 과정 - 옮긴이)할 수 있도록 도움을 주어야 한다. 그러려면 지식을 통합하여 이를 장기 기억으로 이동시킬 기회를 주어야 한다.

작업 기억은 인식 능력에도 영향을 끼친다. 가령 여러 데이터를 접했을 때 이를 인지하는 능력 말이다. 작업 기억에 과부하가 생기면 지각력이 감소된다.

운전을 예로 들어보자. 아무리 핸즈프리라 해도 전화 통화를 하고 있다면 도로에 모든 신경을 쏟을 때보다 사고가 날 확률이 훨씬 커진다. 배우자와 식료품 목록에 대해 간단한 통화를 하는 것만으로도 다가오는 차량의 접근 속도를 잘못 판단할 가능성이 증가한다. 이는 두 손이 바쁘기 때문이 아니라 작업 기억이 바쁘기 때문이다.

작업 기억의
과부하와 저부하

        ° 부호화와 인식 능력이라는 측면에서 작업 기억의 작용은 온라인 학습 환경에서 복잡해진다. 데이지 크리스토둘루는『교사 대 기술?』에서 원격 수업을 하는 학생들이 노트북과 휴대전화에 항상 동시에 접속할 수 있다는 점을 지적한다. 즉 '한 번에 여러 가지 일을 하는' 것이 더욱 조장된다는 것이다.

    한 동료의 딸은 자신이 듣는 온라인 수업에서 이런 현상이 실제로 벌어졌다고 설명했다. "줌 수업 때 화면을 보면 상당수의 학급 친구들 얼굴에서 파란 불빛이 반짝이는 것을 볼 수 있어요. 저는 아이들이 휴대전화를 켰다는 걸 딱 알아보는데 선생님들은 그걸 알아볼 만큼 자세히 들여다보지 않거나 들여다보질 못해요."

    크리스토둘루는 2016년에 카터(Carter), 그린버그(Greenberg), 워커(Walker)가 진행한 연구를 언급한다. 이 연구에서 학생들은 일부 수업에만 기기를 가져가는 것이 허용되었다. 당연한 결과지만 학생들은 기기를 가져가지 못한 수업에서 더 좋은 성과를 내었다.

    또한 크리스토둘루는 수업 시간에 대학생들의 미디어 사용을 관찰한 연구 결과에 주목한다. 대학생들의 94퍼센트가 강의 시간에 이메일을, 61퍼센트가 메신저를 사용했다. 이와 유사한 연구에서도 평균 100분 정도의 강의에서 학생들은 강의와 무관한 웹사이트에 들어가는 데 37분을 보낸다는 결과가 나왔다.[1]

    크리스토둘루는 멀티태스킹(multitasking)이 작업 기억에 끼치는 해로운 영향을 이어서 설명한다. 그녀는 우리가 실제로 동시에 여러 일을 할 수 없다는 점이 연구에서 밝혀졌다고 주장한다. 그저 여러 일 사이에서 빠르게 왔다 갔다 하는 것이다.

이런 식으로 일을 바꿔가면서 하면 경쟁적인 일들의 성과가 더 느려지고 오류가 잘 발생되며 현재 다루는 주제에 대한 작업 기억의 자원이 감소된다.[2] 본질적으로 동시에 여러 일을 할 때 작업 기억에 과부하가 걸려 정보를 통합하고 부호화하려는 노력이 헛수고로 돌아간다.

크리스토둘루는 대학생들이 각자의 브라우저에서 일반적으로 19초마다 한 창에서 다른 창으로 넘어간다는 사실을 보여준 조사를 언급하며 이렇게 썼다. '우리가 인터넷에 접속된 기기를 사용하는 것은 산만함의 엔진에 연결된 기기를 사용하는 셈이다.'[3]

이러한 주의산만은 우리가 기기를 만지는 순간 우리의 습관이 된다. 우리의 뇌는 적응을 잘하고 신경가소성(신경계의 변화 능력 – 옮긴이)이 있다. 뇌는 우리가 뇌를 사용하는 방식에 따라 변하고 상황에 길들여진다. 메리앤 울프(Maryanne Wolf)는 시간이 지나면서 훑어보기가 독서를 대체하고 우리의 집중력이 약화된다고 썼다.[4]

한편 작업 기억의 저부하 역시 바람직하지 못하다. 학생들은 제대로 참여하지 않을 때 지루함을 느끼고 수업에서 나가기 시작하며 발전이 더뎌진다. 이는 기기들의 화면이 켜져 있고 틱톡(TikTok) 같은 앱들이 경쟁적으로 학생들의 주의를 끌어당기는 온라인 수업 환경에서 더 심해진다.

학습이 대면으로 진행되든 온라인에서 진행되든 여러 개념들을 처리하고 장기 기억에 저장하려면 작업 기억에 의존해야 한다. 작업 기억은 과부하에 걸리기도, 저부하 상태가 되기도 쉽다. 이는 학생이 새로운 개

넘들을 적극적으로 통합할 기회가 없다면 이것을 떠올리는 데 애를 먹고 금방 지친다는 의미이다.

이상적인 온라인 수업에는 학생들이 계속 참여할 수 있고 개념들을 주기적으로 통합할 수 있는 기회가 될 다양한 짧은 활동들이 있다. 온라인에서 이렇게 하는 것이 쉽지는 않아도 충분히 할 수 있다.

주의를 기울이고 참여하는 온라인 수업 문화를 구축하는 일은 학생들의 작업 기억에 과부하나 저부하가 발생되지 않도록 콘텐츠를 전달하고 활동들을 구성하는 데 달려있다. 우리는 이 장에서 주의력을 증진하고 주의산만을 방지하여 작업 기억을 최대한 활용할 수 있는 몇 가지 수업 모델을 살펴보려고 한다.

처음부터 빠르고 적극적으로 시작하라

○ 실시간 수업과 비실시간 수업에서 주의력을 높이는 것은 학생이 집중하고 소통하고 온라인으로 한 가지 작업만 하는 능력에 달려있다. 실시간 수업에서 이는 학생이 필기구를 준비하고 화면을 적극적으로 보며 질의응답을 할 준비가 된 것과 같은 상태이다.

비실시간 수업에서 이러한 부분을 관찰하는 것은 불가능하다. 그렇지만 교사는 짧은 롤아웃(Rollout) 기법으로 주의력을 기르는 습관을 설명하고 학생들이 주의력을 높이도록 장려할 수 있다.

주의력을 발휘할 수 있는 근본적인 조건은 정리된 학습 공간이라는 사실에 주목해야 한다. 바람직한 상태는 휴대전화 없이 온라인 수업에 열중하는 것이다.

학습 공간을 준비하는 것 외에 적극적으로 시작하는 것이 중요하다. 어른들도, 학생들도 일반적으로 온라인 학습이라 하면 수동성을 연상한다. '온라인 세미나'라는 말을 듣기만 해도 화면 앞에 소극적으로 앉아 엄청난 양의 정보를 어쩔 수 없이 받아들이며 몇 시간을 보냈던 기억을 떠올리게 된다는 점을 생각해 보라.

처음부터 집중하지 않으면 아무리 어른이라도 수동적으로 임하기 쉽다. 우리가 온라인으로 처음 진행한 전문성 개발 워크숍에서 참가자들은 시작한 지 22분이 지나서야 말을 했다. 우리는 그들에게 줌 채팅 기능을 이용하라고 요청했다.

하지만 대면으로 진행되는 워크숍처럼 자연스러운 참여가 이루어지려면 우선 참가자들이 말을 할 필요가 있다는 점을 깨달았다. 다음날 우리는 참여의 가치와 워크숍 기간 동안 그들에게 기대하는 부분을 은연중에 알리기 위해 첫 번째 슬라이드에서 구두로 참여하게 하였다.

명확한 시작은 학생들에게 훨씬 더 중요하다. 교사는 학생들에게 학습자가 무엇을 해야 하는지 정확히 알려주어야 한다. "연필과 노트가 필요하니 이것들을 준비해 두세요."

교사가 학생들과 함께 하는 시간에 부여하는 가치나 기대가 낮을 때 학생들은 미적미적 시작하며 천천히 읽는 경향이 있다. 이럴 때 학생들은 '진짜 학교에 있는 것 같지 않다'고 느끼게 마련이다. 쉬는 시간처럼 느껴지기 시작하면 수업에 제대로 참여하기란 어렵다.

따라서 교사는 친절하고 밝고 인간적으로 시작하되 빨리 시작해야 한다. 본론으로 바로 들어가야 한다. 학생들에게 할 일을 곧바로 시켜야 한다. 학생들의 시간을 소중히 여기며 학생들의 작업 기억이 저부하 상태가 되는 것을 방지하겠다는 의지를 보여주어야 한다.

명확한 방향을 제시해야 한다. 학생들이 해야 할 절차와 "카메라를 켜세요"처럼 교사가 요구하는 부분을 상기시켜야 한다. 그러면 학생들이 수업을 시작한 지 3분 안에 적극적으로 과제를 완성하도록 목표를 세울 수 있다.

킵 세인트 루이스 고등학교의 조슈아 험프리 교사가 그날 수업의 목표를 소개하고 즉시 바로 완수 과제로 넘어가는 모습을 관찰해 보자. 비실시간 수업에서 모두 이런 모습을 확인할 수 있는데 특히 그의 속도 내기에 주목해 보자. 이렇게 수업을 친근하게 시작하는 방법은 상당히 효과적이다.

또한 그는 시간의 가치도 중시한다. 바로 완수 과제로 곧바로 넘어가 학생들에게 과제를 하도록 요구해 시간을 낭비하지 않는다.

▶ 비디오 클립 **조슈아 험프리 "참조 시트"**

https://www.wiley.com/go/newnormal

효과적인 수업 시작을 보여주는 또다른 예가 있다. 호주 빅토리아에 있는 밸러랫 클래런던 칼리지 1학년 교사 아만다 몰로니(Amanda Moloney)의 수업이 그것이다. 아만다 교사는 간단한 수업 소개 시간에 학생들을 따뜻하게 맞이하고 수업 목표를 재빨리 말한 후 곧바로 측정에 대한 수업을 시작한다.

▶ 비디오 클립 아만다 몰로니, "여러분은 올바른 위치에 있어요."
https://www.wiley.com/go/newnormal

학생들은 이 새로운 형태의 학습이 무엇을 의미하는지 여전히 확신하지 못한다. 교사는 학생들에게 온라인에서 보내는 시간이 가치 있다는 점을 보여주어야 한다. 목표가 있고 생산적인 수업이 될 것이며 학생들의 온전한 참여와 집중이 필요하다는 점을 처음부터 인지시켜야 한다.

모두 집중할 수 있도록 학생들의 상태를 간단히 점검하는 것으로 수업을 시작하고 이러한 점검을 수업 중간 중간에 끼워 넣는다. 실시간 수업에서 점검을 위해 학생들에게 요청할 수 있는 몇 가지 예를 들어보겠다.

- "수업 화면이 보이면 엄지손가락을 들어보세요."
- "손으로 쓰면 몇 분 더 필요한가요?"
- "모두 얼리셔에게 집중해 보세요."
- "문제를 풀었으면 채팅창에 '완료'라고 쓰세요."

교사는 학생들에게 가능한 한 채팅이나 클릭을 하지 말고 손이나 엄지손가락을 들라고 요청하는 것이 좋다. 학생들은 이 방법으로 자신이 집중하고 있음을 보여줄 수 있다. 이렇게 할 때 인간적인 유대감이 형성되고, 교사 역시 또다른 디지털 도구가 아닌 학생들의 얼굴을 볼 수 있다.

참여도를 높이기 위한
학습 자료

    ° 온라인 수업 환경에서 학습 자료는 이전과는 완전히 다른 차원에서 중요하다. 실시간과 비실시간의 온라인 수업에서 교사가 제시하는 자료는 학생의 참여도를 높이고 학습을 지원하는 데 중요한 역할을 한다. 글과 이미지가 적절한 균형을 이룬 명확하고 간단한 자료를 만들라. 그러면 학생들은 가능한 한 작업 기억의 많은 부분을 학습 내용에 할애할 수 있다.

    데이지 크리스토둘루는 집중력을 유지하고 작업 기억을 연마하기 위한 그래픽을 구상하여 학습 효과를 극대화하는 몇 가지 원리를 제시한다. 그녀는 『교사 대 기술?』에서 리처드 메이어가 발견한 사실을 언급한다. 바로 글과 이미지가 함께 제시될 때 작업 기억이 내용과 잘 연결되어 이해도가 더 커진다는 점이다.

    크리스토둘루는 주어진 이미지를 묘사하는 문장이 이미지와 나란히 놓였을 때 시각 자료와 글의 조합이 훨씬 더 효과적이라고 설명한다. 젠 루가니 교사가 『파리대왕』을 다룬 수업에서 이 개념을 적용한 예가 다음에 나온다. 그녀는 학생들에게 이 소설의 배경을 이해하는 데 중요한 예비 지식을 제공하기 위해 두 개의 이미지를 골라 각 이미지를 짧은 설명과 엮었다.

    크리스토둘루 교사는 메이어의 연구 팀이 말하는 중복 원리에 대해서도 설명한다. 교육적으로 훌륭한 그래픽은 관련 없는 내용이 제거되어 있다. 따라서 학생들은 관련 있는 부분에 집중할 수 있고 그 결과 작업

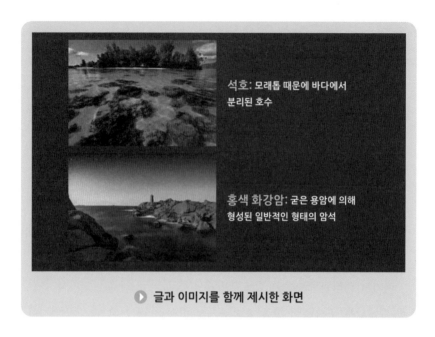

석호: 모래톱 때문에 바다에서 분리된 호수

홍색 화강암: 굳은 용암에 의해 형성된 일반적인 형태의 암석

▶ 글과 이미지를 함께 제시한 화면

기억에 대한 부담이 줄어든다. 명확한 시야는 참여도와 명료성을 유지하는 데 중요한 요소이다.

조슈아 교사가 수학 수업에서 제시하는 바로 완수 과제에 주목해 보자. 그는 문제를 검토하면서 답을 강조하기 위해 그래픽을 이용한다. 가장 중요한 부분에서는 시각적인 요소와 더불어 말로도 학생들의 주의를 끌어당긴다. 이렇듯 멀티미디어를 간단하게 이용하면 학생들이 내용을 효율적으로 처리하고 학습을 극대화하는 데 도움이 된다.

교사가 해야 할 일의 명확한 지침을 염두에 두고 자료를 구성하면 학생들이 설명을 요청할 필요가 없다. 또 주의력을 완전히 잃지 않고 수업 활동을 따라갈 수 있다. 실시간 수업이든 비실시간 수업이든 교사가 학생들의 주의력을 떨어뜨리게 만드는 순간은 찾아오게 마련이다.

바로 완수 과제

1. 다음 중 12보다 4 적은 수를 나타낸 것은?

   a. $4 - 12$
   b. $12 + 4$
   c. $12 - 4$
   d. $4 + 12$

2. 다음 중 미지수보다 3 적은 수를 나타낸 것은?

   a. $n - 3$
   b. $n + 3$
   c. $3 - n$
   d. $3 + n$

3. 다음 중 8과 4의 합의 두 배를 나타낸 것은?

   a. $2 - 8 + 4$ ⟵ 일반적인 실수
   b. $2(8 + 4)$
   c. $2 + 8 - 4$
   d. $2(8 - 4)$

4. 마지막 문제. 12보다 5 적은 수의 세 배를 식으로 나타내시오.

▶ **조슈아 교사의 바로 완수 과제 화면**

예를 들어 초인종이 울리거나 문자 메시지가 오거나 개가 짖을 수도 있다. 그러니 학생들이 혹시 주의가 산만해졌더라도 수업을 계속 따라갈 수 있도록 해야 한다. 그러려면 학생들이 보는 자료에 명확한 설명이 있어야 한다.

실제 교실에서 적용되는 원칙들이 온라인 수업에서도 적용된다. 해야 할 일의 지침은 쉽게 알 수 있어야 한다. 순차적으로 배열되어야 하고 눈에 띄어야 하며 관찰할 수 있어야 한다. 물론 온라인 수업에서 이 방향은 수업 내용과 학생의 나이에 따라 달라진다.

'비범한 학교'의 수학 팀 알론조 홀(Alonzo Hall)과 린다 프레이저(Linda Frazier) 교사에 주목해 보자. 두 사람은 언어적, 시각적으로 명확한 방향을 강조하는 교사의 본보기이다. 두 교사 모두 중요한 지침을 색

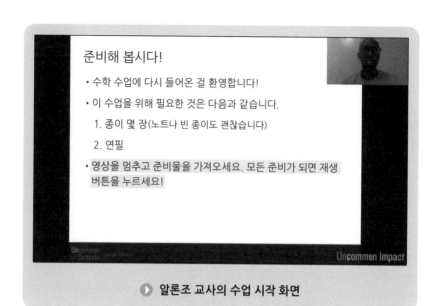

알론조 교사의 수업 시작 화면

으로 강조 표시하여 학생들이 알아볼 수 있게 한다.

알론조 교사는 이 부분을 학생들에게 명확하게 알려준다. "페이지에서 색상으로 강조한 표시는 그 지시 사항을 따라야 한다는 점을 알려주는 거예요." 린다 교사는 학생들에게 "잠시 멈추고 선생님이 쓴 것처럼 필기하세요"라며 자신이 작성한 시각 자료의 중요성을 상기시킨다.

▶ 비디오 클립 알론조 홀, 린다 프레이저, "준비해 봅시다"

https://www.wiley.com/go/newnormal

알론조와 린다 교사는 특히 온라인 수업에서 교사들 사이에 공유된 시스템의 힘을 강조한다. 지침들이 친숙하고 일관될수록 학생들은 거기에 더 쉽게 익숙해지고 더 나은 성과를 낼 것이다. 여러 방침들 사이에 일관성이 있을 때 '우리는 여전히 학교에 속해 있고 여전히 서로 연결되어 있다'는 메시지가 전달된다.

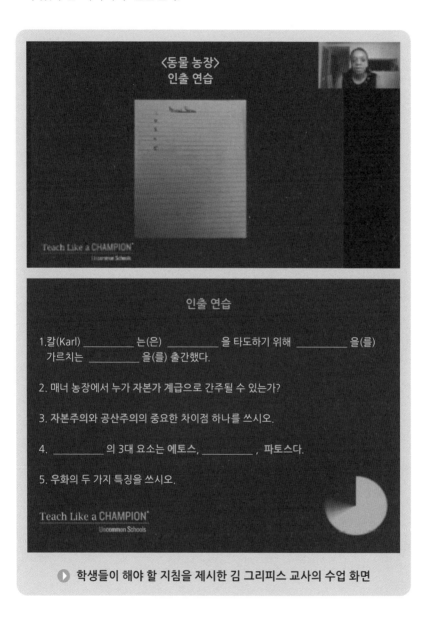

학생들이 해야 할 지침을 제시한 김 그리피스 교사의 수업 화면

이 일관성은 우리가 작업 기억과 장기 기억에 대해 알고 있는 사실과도 연결된다. 반복해서 사용된 시스템은 장기 기억에 단단히 자리하며 이는 작업 기억에 부담을 덜어준다.

해야 할 일의 명확한 지침을 보여주는 영상 가운데 우리가 가장 좋아하는 것은 TLAC의 김 그리피스 교사가 만든 수업 영상이다. 이 영상에서 김 교사는 학생들이 글씨를 쓴 낱장 종이의 이미지를 보여주며 해야할 일의 지침을 들려준다. 학생들이 인출 연습 질문을 완성할 때 김 교사는 화면 구석에 원형의 타이머를 설정한다. 단순한 이 시각적 요소는 화면을 산만하게 만들지 않으면서 학생들의 속도 내기에 도움이 된다.

또한 그녀는 학생들이 그날의 복습에서 중요 단어에 주의를 기울일 수 있게 간단한 색 구분을 이용한다. 학생들을 보면서 학생들의 이해도를 판단할 수 없는 상황에서 단순함은 학생들의 성과를 끌어내는 데 중요

▶ 자기 집의 창문을 칠판대처럼 활용한 레이철 교사

한 요소이다.

초등학생에게 적용된 다른 예를 살펴보자. 레이철 교사는 자신의 교실과 비슷해 보이는 배경을 보여준다. 그 배경은 그녀가 맡은 1학년 학생들에게 익숙할 것이다. 자기 집의 창문을 칠판대처럼 사용하며 수학 문제 옆에 서 있다. 학생들은 무지개 카펫이 깔린 교실에 있을 때처럼 선생님과 수학 문제가 나란히 있는 모습을 본다. 그녀 역시 학생들의 이해를 돕고 학생들이 자신의 말이 흘러나오는 동안 핵심 내용에 집중하게 만들려고 색 구분을 이용한다. 이 교사들은 명확하고 간결한 설명과 결합된 단순한 화면의 힘을 보여준다.

수업 활동을 전환하는 이정표를 세워라

수업 시작 때 형성된 탄력과 에너지를 계속 유지하려면 수업하는 동안 학습 목표에 맞는 다양한 유형의 과제를 활용해야 한다. 우리는 교실에서 수업이 진행되는 동안 학습의 이정표를 세우는 것의 가치를 논의했다. 여행자가 경로를 따라가며 이 기준점을 보면 이동하는 거리를 더 잘 파악할 수 있다.

교사는 수업 목표에 초점을 맞추어 전환되는 활동들을 계획하여 온라인 수업에서 이정표를 세울 수 있다. 예를 들어 한 중학교의 온라인 영어 수업에 나오는 활동들을 살펴보자. 『파리대왕』에 나오는 '섬에 대한 골딩의 매혹적이지만 불길한 묘사를 살펴본다'는 목표로 구성된 이 수업은 약 90분간 다음과 같이 진행된다.

- **바로 완수 과제:** 학생들이 전날 읽은 내용에서 발췌한 부분으로 만든 쓰기 문제를 작성한다.
- **바로 완수 과제 검토:** 교사가 몇 가지 핵심 아이디어를 검토하고 몇 가지 지식을 공유하는 것을 듣거나 본 후 학생들은 이해하여 노트에 다시 작성한다.
- **어휘 설명:** 교사가 두 개의 새 단어와 그것의 정의를 설명한다. 이어서 새 단어에 대한 지식을 강화하기 위해 학생들에게 일련의 질문을 (글로든 말로든) 한다.
- **읽기 사이클 1:** 학생들이 『파리대왕』의 11페이지에서 12페이지까지 주석에 유의하며 각자 읽는다.
- **글쓰기:** 학생들이 멈추고 기록하기 문제의 답안을 자신의 노트에 작성한다. 새로 읽은 내용과 새 어휘를 이용하고 새로운 지식을 반영하여 문장을 신중하게 구성한다.
- **글쓰기 검토:** 교사가 멈추고 기록하기 문제에 가능한 답안들을 검토하는 것을 듣거나 본 이후 학생들은 자신의 답안을 수정한다.
- **읽기 사이클 2:** 학생들이 『파리대왕』의 13페이지에서 14페이지까지 주석에 유의하며 교사와 함께 읽는다.
- **글쓰기:** 학생들이 멈추고 기록하기 2번 문제의 답안을 자신의 노트에 작성한다. 이때 세 가지 세부 사항을 분석해야 한다.
- **글쓰기 검토:** 교사가 멈추고 기록하기 2번 문제에 가능한 답안들을 검토하는 것을 듣거나 본 이후 학생들은 핵심 아이디어를 포함해 자

신의 답안을 수정한다.

- **읽기 사이클 3:** 학생들이 『파리대왕』의 14페이지에서 17페이지까지 주석에 유의하며 교사와 함께 읽는다.
- **글쓰기:** 학생들이 멈추고 기록하기 3번 문제의 답안을 자신의 노트에 작성한다. 이번에는 본문의 중요 인용문을 분석해야 한다.
- **글쓰기 검토:** 교사가 멈추고 기록하기 3번 문제에 가능한 답안들을 검토하는 것을 듣거나 본 이후 학생들은 핵심 아이디어를 포함해 자신의 답안을 수정한다.
- **마지막 글쓰기 작업:** 마지막으로 학생들은 본문에서 하나 이상의 세부 사항을 이용해 질문의 답을 작성한다. 이것을 완성하면 교사에게 이메일로 보낸다.

활동이 바뀌는 시점은 학생들이 학습의 진전을 이루고 있다는 점을 알리는 이정표와 같다. 분명한 선긋기(Bright Lines) 같은 속도 내기 방식을 활용하는 것은 명확한 이정표를 세우는 것과 같다. 그 결과 학생들은 온라인 수업을 단조롭다고 느끼지 않고 오히려 끊임없이 변화하는 다양한 활동이 있는 것처럼 느낀다.

교사는 간단한 슬라이드로 다음 활동에 이름을 붙이거나 "다음 독서 활동에선 14페이지를 볼 거예요" 같은 말을 덧붙여서 분명한 선긋기를 할 수 있다. 이런 식으로 활동을 전환하면 학생들도 전환을 더 잘 인지할 수 있다.

앞서 설명한 수업 활동 가운데 특히 글쓰기와 주석이 포함된 활동은 지식의 통합에 도움이 된다. 활동의 전환은 작업 기억에 과부하가 걸리는 것을 방지해 준다. 또한 주의산만으로 이어지는 작업 기억의 저부하

현상도 막아준다.

참여 방식은 학생들이 '내가 어떻게 참여하도록 기대되는가'를 이해할 수 있는 체계를 말한다. 이러한 이해가 바탕이 될 때 교사는 학생들의 참여를 성공적으로 관리할 수 있다. 실제 교실에서처럼 투명하고 명확한 기대를 보여줄 때 공평한 발언권을 유지할 수 있고 깊이 사고할 수 있는 환경을 만들 수 있다. 참여 방식의 활용은 학생들의 집중력과 주의력을 유지하는 데도 아주 중요하다. 6장에서 이 부분을 충분히 논의한다.

학생들을 간단히 테스트하는 것으로는 충분하지 않다. 우리가 궁극적으로 추구하는 것은 학생들이 끊임없이 사고하는 것이다.

수업 활동 내에서 주의력과 참여도를 증진하는 법

수업 활동의 전환은 좀더 빠르게 집중시키고 참여를 이끌어 낼 수 있다. 하지만 한 활동 내에서도 주의력과 참여도를 증진할 수 있어야 한다. 읽기와 글쓰기라는 일반적인 수업 활동을 예로 들어보자. 온라인 수업 환경에서 주의력과 참여도를 극대화하기 위해 이 두 가지 활동을 어떻게 조정할 수 있을지 고려해 보는 것이다.

글쓰기와 필기

많은 연구 결과를 보면 손으로 글을 쓸 때의 이점들을 알 수 있다. 집중력 증가, 기억력 향상, 창의력 촉진 등 이점은 상당하다. 학생들에게 과제를 타이핑하여 제출하도록 요청하면 관리하기에는 편리하다.

그렇지만 학생들이 모든 필기 내용과 응답과 문제 풀이를 타이핑해야 하는 것은 아니다. 교사는 학생들에게 수업 중에 떠오르는 생각을 연필로 적거나 문제를 풀 때 손으로 쓰도록 할 수 있다.

많은 학생들이 타이핑하여 제출한 것을 변경이 불가능한 종료점으로 여긴다. 반면 손으로 쓰는 노트는 글을 쓰며 생각하고 아이디어를 구체화할 수 있는 안전한 장소처럼 느낀다. 손으로 쓰는 노트는 모든 학생들 특히, 글쓰기를 몹시 싫어하는 학생들에게 글쓰기의 벽을 낮추는 데 유용하다.

교사가 학생들에게 종이와 연필을 이용해 자신의 답안을 적으라고 요청하는 것은 자신의 생각과 아이디어의 가치를 대담하게 드러내라고 암묵적으로 장려하는 것과 같다. 손으로 쓴 메모나 답안에 대한 책임을

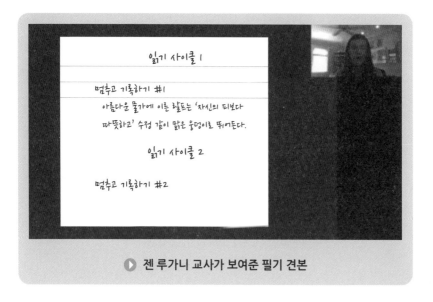

▶ 젠 루가니 교사가 보여준 필기 견본

강화하려면 학생들에게 그것을 사진으로 찍어 이메일이나 문자로 보내 달라고 요청하면 된다. 앞에 나온 것은 젠 루가니 교사가 학생들이 『파리대왕』을 읽으며 필기를 준비하는 동안 학생들에게 보여주려고 만든 견본이다.

읽기

어떤 교실 환경에서든 읽기에는 세 가지 주요한 방법이 있다. 교사가 큰 소리로 읽어주기, 다 같이 읽기, 각자 읽기다. 실제 교실에서 가장 중요한 방법은 교사가 큰 소리로 읽어주는 것이다. 우리는 이것이 초등학교 교실뿐만 아니라 모든 교실에 해당된다고 믿는다.

온라인 교실에서 큰 소리로 읽어주기는 오디오북의 매력을 발산할 수 있는 잠재력이 있다. 이는 한 교실의 학생들만을 대상으로 한 좀더 생동감 있는 오디오북과 같다.

다음의 비디오 클립에서 젠 루가니 교사는 윌리엄 스타이그(William Steig)가 쓴 현명한 생쥐 치과 의사 이야기인 『치과 의사 드소토 선생님』을 읽어준다. 그녀는 분위기 변화를 잘 표현하고 중요한 단어를 강조하여 학생들이 어휘력을 쌓게 해준다. 이렇게 젠 교사가 이야기 읽어주기를 기뻐하고 즐거워하는 것은 온라인 환경에서 학생들을 계속 집중하게 만들어야 하는 난제를 극복하는 데 도움이 된다.

▶ 비디오 클립 젠 루가니, "치과 의사 드소토 선생님"

https://www.wiley.com/go/newnormal

젠 교사는 어린 학생들이 주의력을 잃지 않게 세심하게 조절한다. 책 내용과 화면에 있는 자신을 번갈아 보는 학생들에게 무엇에 집중해야 하는지, 어디를 봐야 하는지 말해 준다. 그녀는 학생들이 자신의 말을 듣는 것만큼 반드시 책도 읽게 한다. 학생들에게 '하나'라는 단어에 집중하라고 분명히 말하면서 시작한다.

잠시 멈춘 후에 책의 두 페이지를 읽는데 이러한 멈춤은 읽는 순간만큼 흡인력이 있다. 결정적으로 그녀는 모든 단어를 파악하고 느낄 수 있을 만큼 책을 천천히 읽는다. 그러다 갑자기 "오, 여러분!"이라며 흥분된 어조로 끼어들고 뒤이어 "선생님을 보세요"라고 지시한다. 학생들이 그렇게 흥분한 선생님 말을 따르지 않는 것은 불가능하다.

젠 교사는 큰 소리로 읽어주면서 학생들의 주의력을 유지하게 해주고 어디에 주의를 기울여야 하는지 이끌어준다. 고함 소리, 속삭이는 소리, 우는 소리를 모두 내면서 등장인물들의 목소리를 흉내 내며 읽는다.

문맥에 따라서도 어조가 달라진다. 젠 교사는 드소토 선생님이 여우를 들어오게 하라는 위험한 결정을 내리는 장면에서 각 단어를 힘주어 읽는다. 여우가 입을 탁 다물더니 "장난이에요"라고 말하는 장면에서는 안도의 숨을 내쉰다. 마치 다 함께 둥그렇게 둘러앉아 동시에 같이 읽고 있는 것처럼 학생들이 느끼게 한다.

우리는 숀 리프 교사의 중학교 2학년 영어 수업에서도 이와 유사한 장면을 목격한다. 연령대가 높은 학생들의 경우 수업을 제대로 따라가게 짚어주는 일이 비교적 덜 필요하다. 하지만 쉽지 않은 글을 생생한 목소리로 들을 때 도움이 되는 것은 마찬가지이다.

그는 『앵무새 죽이기』를 읽으면서 화자인 스카우트 핀치의 목소리를 절묘하면서도 능숙하게 표현한다. 마음이 따뜻해지는 부분에서는 다정한 목소리로 읽고, 쉼표마다 잠시 멈추어 복잡한 구문을 어떻게 읽어야 하는지 본보기를 보여준다.

숀 교사는 이와 같은 방식으로 성숙한 독자들이 각자 책읽기를 마무리하게 만든다. 처음에 큰 소리로 읽어준 것이 학생들이 성공적으로 책을 읽도록 도와준 셈이다. 우리는 학생들이 교사의 목소리를 포착하는 모습을 볼 때 뿌듯하다.

함께 읽기는 상당한 이점들이 있다. 읽기 관리는 학생들의 구두 읽기를 생산적이고 책임감 있고 효율적으로 만들기 위한 기술이다. 이것은 학생들이 책읽기를 좋아하고 다독하는 문화를 형성하는 데 도움이 된다. 약간의 조정으로 실제 교실뿐만 아니라 온라인 교실에서도 효과를 낼 수 있는 기술이다.

캘리포니아 로스엔젤레스에 있는 리베르타스 칼리지 프렙의 아리아나 초프(Arrianna Chop) 교사의 사례를 보자. 아리아나 교사가 팜 뮤뇨스(Pam Muñoz)의 『에스페란사의 골짜기』에 나오는 한 구절을 학생들이 즐겁게 읽는 동안 어떻게 함께 읽기를 이끄는지 살펴보자.

▶ **비디오 클립 아리아나 초프, "공식적인 시작"**

https://www.wiley.com/go/newnormal

아리아나 교사는 모래 폭풍으로 인한 엄마의 병을 염두에 두고 그 책을 읽을 때 초점을 맞추어야 할 부분을 제시한다. 이어서 자신의 화면을 공유하고 같이 읽고 있는 부분에 강조 표시를 하여 모든 학생이 같은 부분에 주의를 기울이게 만든다.

큰 소리로 읽어주기 영상에 나오는 교사들처럼 그녀도 감정을 표현한 낭독을 통해 본문에 생기를 불어넣고 참여도를 높인다. 무작위로 호명되어 책을 읽게 된 학생들은 자연스럽게 이어서 읽으며 수업에 계속 집중했다는 점을 보여준다. 아리아나 교사는 짧은 독서 시간 이후 학생들에게 방금 전 읽은 내용을 곰곰이 생각해 보고 통합할 기회를 주기 위해 글쓰기 활동으로 넘어간다.

화상 수업으로 인한
정신적 피로도 줄이는 법

솔직히 말해 우리는 누구나 줌 피로감(Zoon fatigue)을 느낀다. 눈꺼풀이 축 처진 채로 화면을 멍하니 응시하면서 유혹적인 빨간색인 '나가기' 버튼을 누를 때까지 시간을 센다. 아무리 좋은 약이라도 복용량이 중요하다. 좋은 약이라도 과도하게 복용하면 그것은 더이상 좋은 약이 아니다.

이렇게 피로감을 느끼는 이유가 무엇일까? 어쨌든 집안에서 편안한 잠옷 바지 차림으로 소파에 기대어 가르치거나 배우는 것이 가능하다. 이는 실제 교실에서 가르치거나 배우는 것보다 더 수월하지 않을까?

인시아드(INSEAD) 경영 대학원 잔피에로 페트리글리에리(Gianpiero Petriglieri) 부교수는 얼굴을 마주 보고 대화를 할 때보다 화상 통화를 할 때 집중력이 더 필요하다고 말한다. 실제로 우리는 화상 통화를 할 때

상대의 얼굴 표정, 어조와 목소리의 높낮이, 몸짓 언어 같은 비언어적 신호를 처리하기 위해 더 많은 신경을 쓴다. 이러한 신호들에 주의를 많이 쏟을 때 많은 에너지가 소모된다.

잔피에로는 이렇게 말한다. "우리의 몸은 우리가 같이 있다고 느끼지 못하는데 우리의 마음은 함께 있다. 사람들에게 모순된 감정을 느끼게 하는 이 불협화음은 에너지를 소모하게 만든다. 그래서 긴장을 풀고 자연스럽게 대화에 임할 수 없다."[5]

교사들은 줌 피로감이 교육자나 학생 모두에게 심각한 문제라는 사실을 고려하여 끊임없는 화상 수업으로 비롯되는 정신적 피로를 방지하는 데 도움이 될 방안들을 고민해야 한다.

줌 피로감을 피하는 한 방법은 너무 많은 영상 노출 시간에 대한 '해독제'를 이용하는 것이다. 이 해독제란 오프라인 시간을 말한다. 학생들이 하는 활동 가운데 일부는 반드시 해독제의 특성을 띠어야 한다. 화면을 보지 않고 하는 활동이어야 한다는 의미이다.

우리는 화면을 많이 보지 않아도 되는 수업일 때에는 아이들에게 종이 책을 읽고, 종이에 연필로 쓰고, 오디오에서 나오는 책 낭독에 귀를 기울이라고 권한다. 첨단 기술을 덜 사용하고 화면에서 자유로운 비실시간 활동은 화면이 주는 피로를 없애는 데 도움이 된다. 그렇다면 이러한 활동들이 학습에 더 유용할 수 있을까?

"30분 동안 각자 일기를 쓴 후 사진을 찍어 선생님한테 보내주세요"라는 지침이 "한 페이지 분량의 답안을 타이핑해서 구글 문서도구를 통해 제출하세요"라는 지침보다 더 나은 걸까?

"이 장을 읽고 자신이 가장 마음에 드는 열 문장을 큰 소리로 낭독하는 것을 녹음해 보세요"라는 과제가 온종일 침실에서 화면만 들여다보는 일과에 균형을 잡아줄 수 있을까? 사실 우리는 그렇다고 생각하며 일부 교사들은 이를 훌륭하게 해내고 있다.

이 장 앞부분에서 간략히 소개한 젠 교사의 『파리대왕』 수업을 다시 살펴보자. 학생들은 수업 내내 다양한 질문에 대한 답을 자신의 노트에 적으면서 독서에 대한 반응을 보인다. 이어서 각자의 답에 대해 논의하고 수정한다.

젠 교사는 학생들에게 마지막에 제시한 과제에 대해서만 답을 작성해서 이메일로 보내달라고 한다. 이런 식으로 첨단 기술을 덜 쓰는 시간과 쓰기 과제를 결합하여 화면에서 잠시 벗어나는 기회를 준다. 그리하여 90분짜리 수업에서 흔히 따라오는 줌 피로감을 방지한다.

해독제가 든 다양한 과제 외에도 일정에 변화를 주면 역시 줌 피로감을 방지할 수 있다. 교사는 수업 일정을 짤 때 이렇게 자문하면 좋다. 우리 반 학생들에게 어느 정도의 화면 노출 시간이 적절할까? 실시간 수업에서 연결이 끊기지 않게 하면서 화면으로부터의 휴식 시간을 가장 잘 조율할 수 있는 방법은 무엇인가?

킵 세인트 루이스 고등학교의 조슈아 험프리 교사는 비실시간 수업 모델을 잘 활용한다. 학생들은 하루에 짧은 수업 영상 두 개를 본 후 배운 내용을 적용하여 짧은 과제를 완성한다. 비실시간 수업을 짧게 두 부분으로 나누어 진행한다는 것은 그 자체로 상당히 좋은 발상이었다.

화면으로 진행되는 수업을 짧은 분량으로 나누고 수업 사이에 화면을 보지 않고 하는 과제를 혹은 휴식 시간을 끼워 넣는 방식은 학생들이 자기 속도를 유지하도록 돕는다. 학생들은 그 수업의 두 번째 부분을 에너지가 충전된 상태로 눈빛을 빛내며 시작한다.

다음에 나오는 영상에서 에릭 스나이더 교사는 비실시간 수업과 실시간 수업의 시너지 효과를 이용한다. 우리는 이것이 양쪽의 가장 좋은 부분을 결합한 접근법이라고 생각한다.

▶ **비디오 클립 에릭 스나이더 "실시간 수업과 비실시간 수업의 결합"**
https://www.wiley.com/go/newnormal

교사는 일단 실시간 수업을 시작해 20분 정도 강렬하고 흡인력 있게 수업을 진행한다. 이어서 학생들에게 온라인에 접속한 상태에서 비실시간으로 완성하는 과제를 학생들에게 제시한다. 이렇게 하면 학생들은 각자 학습할 시간이 생긴다.

또한 교사는 실제 수업 시간처럼 이따금 각 학생을 확인하거나 "선생님 여기 있으니까 필요하면 말해요"라고 말할 수 있다. 교사는 학생들에게 카메라를 끄라고 할 수도 있고, 에릭 교사처럼 켜놓으라고 하여 약간의 책임감을 부여할 수도 있다. 마지막에 교사는 학생들이 작성한 답을 검토하기 위해 모든 학생을 다시 모이게 할 수 있다.

에릭 교사가 윌리엄스-가르시아의 소설 『어느 뜨거웠던 날들』을 주제로 진행한 수업에서 어떻게 했는지 살펴보자. 영상은 그가 학생들에게 오디오북을 틀어주며 시작된다. 이어서 그는 학생들이 개별적으로 해결해야 하는 과제를 준비한다.

이때가 중요한 순간이다. "펀은 왜 계속 소리를 지를까?" "이제 각자 읽으면서 반전을 찾아내봐"처럼 그 시간을 흥미롭고 중요하다고 여기게 만

| 수업 | "스스로 해봐요"
(하지만 선생님은 여기에 있어요) | |

학생들의 관심을 끌어들이기, 활기차게 시작하기, 책을 실감나게 읽기.
"이건 중요한 거예요."
각자의 시간을 주기.

"선생님 여기 있으니까 필요하면 말해요"
"선생님은 네가 과제하는 모습을 보고 있단다."
소극적인 책임감, 이해도 확인을 위한 가벼운 대화

"우리가 어떻게 했는지 볼까요?"<br>"검토할 게 많아요……"
서면 평가로 보완하기

▶ **실시간 수업과 비실시간 수업의 효과적인 결합**

드는 질문을 준비해 두었다.

그는 과제 지침을 화면에 계속 띄워놓는다. 이어서 "아르마니, 선생님이 널 보고 있어"라는 말로 학생들이 집중하고 주의를 기울이도록 한다. 마지막 부분에서 학생들에게 시간이 더 필요한 사람은 채팅창에 메모하라고 요청한다. 그리하여 실시간으로 학생들의 과제 상태를 평가할 수 있는 자신의 능력을 활용한다.

온라인 '교실'에서 집중과 참여 문화를 공고하게 구축하는 것은 특히 중요하다. 이 교실에서 학생들은 주의를 쉽게 산만하게 만드는 기기들을 사용해 상호작용한다. 원격 수업의 근본적인 난제는 언제든 클릭 한 번으로 주의가 산만해질 수 있다는 점이다.

- **처음부터 주의력을 증진하고 주의산만을 방지할 것:** 온라인 수업에서 학생의 주의력을 올리는 것은 학생이 집중하고 소통하고 온라인으로 한 가지 작업만 하도록 하는 능력에 달려있다. 학생들의 성공적인 학습을 위해서는 정리된 학습 공간과 명확하고 빠른 수업 시작이 중요하다.

- **참여도를 높이기 위한 학습 자료와 체계:** 교사가 글과 이미지가 적절한 균형을 이룬 명확하고 간단한 자료를 만들면 학생들은 가능한 한 작업 기억의 많은 부분을 학습 내용에 할애할 수 있다.
  해야 할 일의 지침은 쉽게 알 수 있고 순차적이며 측정 가능하고 식별될 수 있어야 한다. 각 교실에서 쓰이는 지침들이 친숙하고 일관될수록 학생들은 더 나은 성과를 낼 것이다.

- **속도 내기와 통합에 도움이 되는 수업 활동 전환:** 수업 시작 때 형성된 탄력과 에너지를 계속 유지하려면 수업하는 동안 학습 목표에 맞는 다양한 유형의 과제를 활용해야 한다. 교사는 온라인에서의 수업 목표에 초점을 맞추어 전환되는 활동을 계획하여 이것을 성공시킬 수 있다.

- **수업 활동 내에서 주의력과 참여도 증진:** 한 활동 내에서도 주의력과 참여도를 증진하는 것은 중요하다. 특히 온라인 수업 환경에서 읽기와 글쓰기 시간에 주의력을 극대화할 최상의 방법을 고려해야 한다.
- **해독제와 정량:** 아무리 좋은 약이라도 과도하게 복용하면 좋지 않다. 줌 수업도 마찬가지이며 실제로 줌 피로감 현상이 나타나고 있다.

  줌 피로감을 피하는 한 방법은 영상 노출 시간에 대한 해독제를 이용하는 것이다. 이 해독제는 아이들에게 책을 읽히고 연필과 종이를 쓰게 하며 화면과 상관없는 활동을 시키는 것이다.

4장

수업 사이사이에
멈춤 지점을 설정하기

Teaching in the Online Classroom

우리의 온라인 강좌에는 영상을 관찰하는 방법과 여러 기술을 직접 시도해 본 과정이 모두 있다. 돌이켜 생각해 보면 그것들은 모두 값진 선물이었다.

몇 달 동안 우리는 온라인 수업 기법을 연구한 이후 이 방법을 직접 교육하기 시작했다. 세인트 루이스 고등학교에 근무하는 교사들을 위해 세미나를 진행했다. 우리는 그 콘텐츠가 효과적이라고 믿었다. 훌륭한 교사들의 수업 영상을 찍었고 며칠 동안 첫 번째 세미나를 계획했다. 주목해야 할 핵심 사항들과 참가자들에게 할 적절한 질문들도 준비했다.

특히 질문들은 중요했다. 우리는 세미나 참가자들이 적극적으로 참여하기를 바랐다. 또한 수업 영상에서 교사들이 보여준 방식들을 의식적으로 활용하려 했다. 동시에 다른 교사들도 거기에 주목하게 만들어 그들이 따라 하고 적용할 수 있기를 바랐다.

첫 번째 세미나에서 참가자들이 우리와 대화하고, 서로 대화하며, 콘텐츠를 다양한 방식으로 작성하고 생각하는 기회를 자주 만들었다. 당시에는 세미나의 구성이 알차다고 느꼈다.

하지만 이후에 세미나 영상을 관찰하면서 뭔가 부족하다는 생각이 들었다. 그래서 시계를 확인해 보니 세미나가 시작된 순간부터 우리가 참가자들에게 "영상을 본 후 첫인상을 타이핑하여 채팅창에 올려서 생각을 공유하라"고 요청할 때까지 꼬박 8분이 흘렀다.

참가자들은 우리가 글을 쓰라고 요청하자 머뭇머뭇하며 더디게 시작했다. 그들은 약간 놀라고 약간 꺼리는 것 같았다. 그 방침에 대해 듣지 못한 참가자들이 있었을지도 모른다. 우리는 조력자이자 같은 교사로서 우리의 방침이 충분히 설득력 있는지, 우리의 질문들이 타당한지, 참가자들이 우리에게 동의하는지 생각하기 시작했다.

그때부터 참가자들에게 기회를 더 자주 제공하며 좀더 역동적인 세미나 문화를 형성하기 위해 열심히 노력했다. 참가자들이 얼마나 중요한 존재인지 알려주기 위해 그들의 의견을 공유하고 거기에 응답해 주었다. 상황은 눈에 띄게 개선되었다.

하지만 우리가 원하는 지점으로 에너지가 흘러가게 하기 위해서는 예상했던 것보다 더 열심히 노력해야 했다. 대면으로 했던 세미나와는 결코 비슷하게 느껴지지 않았다.

우리는 다음 세미나에서 똑같은 자료를 활용하여 작은 변화를 이루었다. 참가자들이 좀더 빨리 참여하는 것을 목표로 삼았다. 세미나가 시작된 지 3분 안에 참가자들에게 짧은 질문에 대한 "자신의 생각을 채팅창에 써달라"고 요청했다.

그런데 이 활동에 대한 열정이 이번에는 확실히 달랐다. 우리가 요청을 한 순간 키보드 치는 소리가 들렸다. 참가자들이 올린 생각들은 신선했고 상당한 통찰력이 담겨 있었다. 첫 의견에 이어 두 번째 의견을 다는 사람도 있었다.

첫 번째 활동에만 변화가 생긴 것은 아니었다. 참가자들은 세미나 내내 전보다 더 열정적으로 참여했다. 그때부터 그들은 참여하기를 기대하며 기다렸다. 8분의 수동적인 시간이 사라지자 전체 세미나가 변했다. 결국 모든 참가자들은 스스로 열의를 쏟는다는 느낌이 필요했던 것이다. 그리고 대화의 일원이 되길 바란 것이다.

소극적인 관찰자에서 적극적인 참여자로

우리는 온라인 세미나에서 수동적인 자세로 참여하는 데 익숙하다. 로그인을 하고 맨 처음 하는 일이 아마 카메라를 끄는 일일 것이다. 자신은 그저 소극적인 관찰자로서 그 자리에 앉아 있다는 점을 확인시켜 주기 위해서 말이다.

어쩌면 탭(tab)을 바꾸거나 인터넷을 검색할지도 모른다. 혹은 나중에 발송하기를 잊을까 싶어 이메일을 열어 다음 회의 공지를 보낼지도 모른다. 설령 최선을 다하려고 애쓴다 해도 집중이 힘들 수도 있다. 그러다가 의지와 상관없이 다른 데로 시선을 돌리기 시작한다. 그런 점에서 우리는 학생들과 상당히 비슷하다.

우리가 참가자들을 곧바로 참여시키지 않는다면 이런 자세가 지속될 것이다. 그러면 참가자들은 갈수록 더 소극적인 자세를 보이게 마련이다. 10분이 지나면 5분 내에 첫 질문을 했을 때 참여한 사람 수의 절반의 사람만 참여한다. 20분이 지나면 카메라들이 꺼지며 닉네임이 화면에 뜨기 시작한다.

교실에서 쓰는 훌륭한 방침 즉, 학생들을 초반부터 적극적으로 상호작용하게 만든다는 방침은 온라인 학습의 철칙에 가깝다. 이 철칙은 세미나 내내 참가자들을 적극적으로 참여시킬 것, 첫 3분 이내에 채팅창이나 소회의실에서 모두 과제를 내는 것을 말한다. 우리가 관찰한 가장 성공적인 수업을 통해 이것이 믿을 만하다는 점이 입증되었다.

교사들이 실시간 수업과 비실시간 수업에서 상호작용하고 생각하고 참여하기 위한 '잠깐 멈춤의 시간'을 자주 마련할 때 학생들은 더 적극적이고 열정적으로 반응한다. 그런데 이러한 상호작용이 얼마나 빨리 시작되느냐 역시 중요하다. 우리는 항상 수동성이라는 경향과 싸우며 학생들에게 온라인 수업에서 그들의 적극성이 얼마나 중요한지 말해 준다.

온라인 학습을 좀더 효과적으로 만들기 위해 우리가 이해해야 할 중요한 용어가 한 가지 있다면 바로 '멈춤 지점(Pause Point)'이다. 줄여서 표현한 이 용어는 수업 사이사이에 끼워 넣는 상호작용의 순간을 말한다.

적어도 5분 단위로
자주 멈춰라

○ 실시간이나 비실시간으로 진행되는 온라인 수업에 학생들이 적극적으로 참여하게 하려면 적어도 5분 단위로 자주 멈추어야 한다. 학생들이 수업에 초대되었다고 느끼고 적극적으로 참여하게 만들기 위해서이다.

우리는 킵 세인트 루이스 고등학교의 조슈아 험프리 교사가 자신의 수업에서 이러한 전환을 하는 모습을 볼 수 있다. 그는 학생들이 무엇을 해야 하는지 설명하며 목표를 가지고 수업을 시작한다. 잠시 후에는 바로 완수 과제로 넘어간다. 이때가 학생들이 행동해야 할 시간이다. 학생들은 잠시 멈추고 다섯 가지 질문에 대한 답을 완성한다. 비실시간 수업이지만 그는 빠른 속도로 진행하여 학생들이 활동을 자주 할 수 있게 최선을 다한다.

▶ 비디오 클립 조슈아 험프리

https://www.wiley.com/go/newnormal

짧고 빈번한 멈춤 지점은 '여러분은 적극적으로 참여할 것입니다'라는 명확한 메시지를 전달한다. 이뿐만 아니라 이것은 작업 기억과 주의력의 관점에서도 중요하다. 지식의 통합과 적극적인 참여는 온라인 수업 환경에서 중요하다.

작업 기억은 우리가 의식적으로 생각할 때 이용하는 것이라는 사실을 떠올려보라. 작업 기억은 문제 해결과 고등 사고를 담당하는 부분으로 중요한 기능을 수행한다. 하지만 용량에 제한이 있어서 쉽게 인지 과부하가 걸린다.

한 번 앞 단락을 다시 읽고 다른 문서나 이메일에 그대로 써보라. 단어를 잊어버리지 않은 채 혹은 다시 돌아가 확인하지 않고 얼마나 쓸 수 있는가? 네 단어나 다섯 단어인가? 아니면 여섯 단어나 일곱 단어인가? 이는 여러분의 작업 기억이 최대치로 작동되었다는 것을 나타낸다.

이 상태에서는 새로운 것을 더 떠올리지 못한다. 여러분의 기술 실행 능력은 떨어진다. 인식 능력 역시 마찬가지다. 따라서 작업 기억 상태를 새롭게 비울 기회가 필요하다.

작업 기억 상태를 새롭게 비울 방법은 어떤 아이디어에 대해 무엇인가를 하는 것이다. 그것에 대해 생각하라. 그것에 대해 말하라. 그러면 단 몇 초라도 이를 장기 기억에 통합하는 과정이 진행된다.

그 결과 새로운 콘텐츠에 대한 작업 기억 용량이 확보되기 시작한다. 교사는 다른 단어를 써가며 계속 설명할 수 있지만 이 모든 설명의 한계 효용은 감소하기 시작한다. 그러므로 잠시 멈추고 다음과 같이 말하는 것이 좋다.

"짝과 얘기를 나눠보세요. 어떤 연결고리가 만들어지고 있나요?" "그 이야기를 읽고 처음 보인 반응을 적어보세요" "이 문제를 어떻게 해야 하는지 알았으니 한 번 해결해 보세요."

더욱이 다양한 조사 결과에서 나타났듯 학생들이 인터넷에 접속하는 순간 그들의 주의력은 떨어지기 시작한다. 일반적으로 대학생들은 컴퓨터를 볼 때 19초 단위로 브라우저 창을 바꾼다. 기기를 손에 쥔 사람들은 기기에 정신이 팔리게 마련이다.

따라서 온라인 수업 환경에서 교사는 학생들이 게으름을 피우게 내버려두면 안 된다. 학생들이 적극적으로 참여하도록 계속 부추겨야 한다. 좀더 흥미를 돋우는 방식으로 수업을 하고 화면을 건너뛰는 것을 더 어렵게 만들어야 한다.

멈춤 지점의 네 가지 목적

교사가 수업 중간에 끼워 넣는 멈춤 지점은 짧더라도 학생들의 관심을 끌어야 한다. 그러니까 모든 멈춤 지점에서 동일한 내용을 다루면 안 된다.

수업 중 멈춤 지점에서 적어도 네 가지의 목적을 이루어야 한다. 첫째, 인지적 참여와 책임의 문화를 형성해야 한다. 둘째, 조형적 사고(formative thinking)를 허용해야 한다. 셋째, 학생들의 이해도를 확인할 수 있어야 한다. 넷째, 인출 연습을 통해 학습 내용을 기억에 통합할 기회를 제공해야 한다.

인지적 참여와 책임의 문화 형성

적극적으로 참여해 완수하는 습관을 기르는 문화를 형성해야 한다. 실시간 수업과 비실시간 수업에서 학생들에게 책임감을 갖게 하는 한 방법은 이른바 멈추고 기록하기를 시켜서 학습 내용을 각인시키는 것이다.

가령 교사는 메소포타미아의 지리적 특성에 대한 수업에서 이렇게 말할 수 있다. "메소포타미아에 살 때의 장점과 단점은 무엇일까요? 지금 영상을 멈추고 장점과 단점을 각각 두 가지 이상 써보세요."

여기서 한 단계 더 나아가 교사는 학생들이 과제를 수월하게 완성했다고 인정해 줄 수 있다. 그는 자신이 작성한 답안을 보여주기 전에 이런 식으로 말할 것이다. "다시 여길 보세요! 여러분이 쓴 내용을 선생님이 쓴 것과 비교해 봅시다."

비실시간 수업에서 이러한 멈춤 지점과 관련하여 발생 가능한 문제는 학생이 이 단계를 그냥 넘어가는 것이다. 어쩌다보니 멈춤 지점을 통과하여 과제를 못할 수도 있고, 일부러 멈추지 않고 과제를 하지 않을 수도 있다. 수업을 들을 때 곁에 아무도 없는 14세 학생이라면 아마 이런 유혹을

멈춤 지점을 알려주는 클로에 교사

느낄 것이다.

여기서 실패하지 않는 해결책은 시각적 신호와 어색한 침묵을 이용하는 것이다. 플리머스 해양 아카데미의 클로에 하이킨(Chloe Hykin) 교사를 예로 들어보자. 클로에 교사와 그녀의 동료들은 이 문제를 아주 신중히 생각했고 결국 해결책을 찾았다.

바로 영상을 멈추어야 할 시점에 화면에 밝고 명확한 멈춤 표시를 띄우는 것이다. 뿐만 아니라 클로에 교사는 상당한 대기 시간을 주어 학생들에게 이제 멈춤 지점이라는 사실을 명확히 알려준다. 이 방법은 효과적이어서 학생들이 무심코 넘어가는 경우가 별로 없다.

실시간 수업에서 교사는 몇 가지 방식으로 적극적인 환경을 만들 수 있다. 하나의 방법은 학생들에게 중요한 질문에 대한 답을 채팅창에서 모두 공유하게 하는 것이다. 학생들이 자신의 답을 전체 학생들과 공유하며 서로 피드백을 주고받는 것은 토론하는 습관을 만드는 좋은 방법이다.

또한 학생들이 각자의 생각을 노트에 적어보게 하는 방식도 있다. 교사가 이런 식으로 말하는 것이다. "메소포타미아에 사는 것의 장점이 단점보다 더 많을까요? 1분 동안 여러분의 생각을 노트에 적어보세요." 클로에 교사는 이 방식으로 몇 가지를 달성했다.

우선 그녀는 참여를 요청한 후 학생들이 좋은 아이디어를 낼 준비 시간을 주었다. 학생들에게 생각을 공유해 달라는 요청을 좀더 수월하게 할 수 있었고 수업 도중에 기기와 관련 없는 도구를 사용하라고 교육을 시킨 셈이 되었다. 뿐만 아니라 수업에 약간의 변화를 도입하여 학생들이 기록으로 남기며 아이디어를 처리하는 방법을 쓰게 하였다. 조사 결과 이렇게 할 때 기억을 더 잘하는 것으로 나타났다.

하지만 이 두 가지 방식 가운데 하나만 선택해야 하는 것은 아니다. 교사는 다음과 같이 말하며 글쓰기의 두 가지 형식을 손쉽게 결합할 수 있다. 우선 "메소포타미아에 사는 것의 장점이 단점보다 더 많을까요? 1분 동안 여러분의 생각을 노트에 적어보세요"라고 한 후 1분이 지나면 "이제 여러분의 생각을 채팅창에서 공유하려고 합니다"라고 덧붙이는 것이다.

이는 학생들이 책임지고 적극적으로 임해야 하는 두 번의 참여가 아니라 두 가지 다른 유형의 참여이다. 한 가지 유형은 각자 브레인스토밍 형태로 비공식적으로 사고하는 것이다. 다른 유형은 한 가지 생각을 골라 다듬어서 다른 사람들과 공유하는 것이다. 이렇게 두 가지 유형의 참여를 활용하면 인지적 참여와 책임의 문화를 형성하는 데 도움이 된다.

그런데 실시간 교육의 단점 가운데 하나는 깊이 있는 사고를 할 수 없다는 점이다. 채팅창에 자기 생각을 글로 쓸 수 있는 학생은 생각보다 많지 않다. 하지만 교사가 다양한 멈춤 지점을 지정하고 이 지점들을 연결하면 교실에서 할 수 있는 깊이 있는 사고 활동에 한층 가까워질 수 있다. 가령 처음에 비공식적으로 글을 쓰고 나서 이것을 공유하고 이어서 소회의실로 이동해 자신이 선택한 한 가지 답안을 가지고 토론할 수 있다.

수업 사이사이의 짧은 멈춤 지점에서 다양한 방식으로 학생들을 학습에 참여시키는 기법은 실시간 수업과 비실시간 수업 모두에 적용할 수 있다. 물론 비실시간 수업에서 사용 가능한 방식과 교사가 학생의 마무리를 확인하는 일은 좀더 제한적이다.

두 가지 유형의 수업에서 일관된 방식을 쓰는 것은 도움이 된다. 가령 호주 빅토리아에 위치한 밸러랫 클래런던 칼리지의 아만다 몰로니 교사

준비물

- 수학 격자 노트
- 회색 심 연필과 빨간색 펜
- 미니 화이트보드
- 화이트보드 마커와 지우개

 아만다 교사의 준비물을 보여주는 슬라이드

는 비실시간 수업에서 실시간 수업 때처럼 준비물을 보여주는 슬라이드
에 미니 화이트보드를 넣었다.

아만다 교사는 학생들에게 수업 시간에 질문에 답할 때 그것을 사용
하라고 요청한다. 예를 들면 다음과 같다.

어린 학생들의 경우 미니 화이트보드를 사용하면 빨리, 손쉽게 지울
수 있다. 아만다 교사는 학생들이 사용하는 것과 유사하게 생긴 화이트
보드가 배경인 파워포인트에 문제를 만든다. 비실시간 수업에서도 학생
들에게 화이트보드를 사용하게 하여 실시간 수업에서 쓰던 습관을 강화
한다.

이러한 방식으로 그녀는 "비록 여러분이 비실시간 수업을 완수하는 모
습을 보지 못하지만 여러분은 내가 있을 때와 똑같은 책임감을 느끼고
똑같은 방식으로 해야 해요"라는 메시지를 전하는 것이다.

실시간 수업에서 학생들에게 미니 화이트보드에 답안을 적어 화면에
보이게 올려보라고 하면 학생들이 적어서 공유할 수 있는 것의 범위가

1단계 학습

- 35, 40, 45, __55__, __60__, __65__, + ____

  $+5$ $+5$ $+5$ $+5$

- 30에서 시작하여 0까지 2씩 뒤로 가기

- 4에서 시작하여 48까지 4씩 앞으로 가기

▶ 화이트보드에 문제를 푼 것 같은 슬라이드

확장된다. 수학 문제에서 도표, 철자, 어휘에 이르기까지 그의 목록은 무궁무진하다.

화이트보드에 쓰면 학생들이 글자를 더 크게 쓰기 때문에 서로 공유하기도 더 수월하다. 가령 교사는 이런 식으로 말할 수 있다. "제이슨, 화이트보드 올려보세요. 우리 모두 제이슨의 답을 보고 평가해 줄게요." 이렇게 학생들이 화이트보드를 사용하다 보면 이는 어느새 편안하고 익숙하게 느껴지는 일관된 습관이 된다.

책임감 있는 문화를 형성하는 간단한 방식도 많이 있다. 절차와 루틴을 다루는 6장에서 카메라 켜기의 중요성을 알려줄 것이다. 교사가 학생들이 카메라를 켜게 만들면 다양하고 소소한 시각적 반응을 요구할 수 있다. 가령 "그 구절을 다 읽었으면 엄지손가락을 올려보세요"라든가 "베타니와 비슷한 답을 쓴 사람은 손을 올려보세요"라고 말할 수 있다.

이렇게 단순한 상호작용만으로도 유대감을 느끼게 하여 학생들이 계속 참여하게 할 수 있다. 또한 학생들이 적극적인 태도를 유지하는 데도 도움이 된다. 이는 우리가 일부 플랫폼에서 제공하는 손 모양 아이콘을 사용하는 것보다 화면에 보이게 직접 손을 들라고 하는 것을 더 좋아하는 이유이다.

직접 손을 드는 것은 좀더 즉각적이기도 하다. 학생들은 손을 곧바로 들게 되며 이는 좀더 인간적이고 개인적으로 느껴진다. 교사가 학생들에게 "음, 몇몇 친구들은 시간이 좀더 필요하네요. 시간을 조금 더 줄게요"라든가 "선생님도 베타니와 비슷한 생각을 했어요"라고 반응할 때 다음과 같은 메시지를 전달하는 셈이 된다.

"선생님은 여러분을 보고 있어요. 여러분이 열심히 하는 것도 보고 있지요. 선생님은 여러분의 참여를 가치 있게 생각해요."

조형적 사고를 할 기회 제공

앞에서 우리는 교사가 학생들에게 "메소포타미아에 사는 것의 장점이 단점보다 더 많을까요? 1분 동안 여러분의 생각을 노트에 적어보세요. 여러분의 생각을 채팅창에서 공유하려고 합니다"라고 요청한 상황을 묘사했다. 그런데 이때 또 다른 기회를 학생들에게 제공하게 된다. 바로 조형적 사고를 할 기회이다.

이 교사는 이후 학생들에게 채팅창에 친구들이 쓴 내용을 읽고서 말로 토론을 하거나 반응을 해달라고 청했을 수도 있다. 이는 멈춤 지점이 학생들이 서로의 생각에 반응하고 그것을 더 발전시켜 주는 시간으로 마무리된다는 말이다.

원격 수업 환경에서 학생들은 비단 교사뿐만 아니라 학급 친구들과도 동떨어져 있는 상태이다. 이 상태를 허무는 데 멈춤 지점을 이용하는 것은 인지적 참여와 조형적 사고에 중요하다. 이렇게 학생들이 자신이 발전 시킨 생각을 친구들과 공유할 수 있다.

리베르타스 칼리지 프렙의 아리아나 초프 교사의 수업 영상을 예로 들어보자. 그 영상에서 아리아나 교사와 학생들은 소설『에스페란사의 골짜기』에 대한 토론을 한다. 우선 그녀가 학생들에게 생각을 글로 적어 보라고 한 후 토론을 시킨다는 점에 주목해 보자. 그녀는 학생들이 이전 에 했던 추론을 언급한다.

▶ **비디오 클립 아리아나 초프, "자두"**

https://www.wiley.com/go/newnormal

"여러분은 이전 장에서 에스페란사가 동적인 인물이 되고 있다고 말했 어요. 어떻게 에스페란사는 동적인 인물 즉, 변화하는 인물이 되고 있을 까요? 1분 동안 자신의 생각을 써보세요."

그녀는 채팅창에 학생들의 의견들이 올라온 후 토론을 빠르게 진행한 다. 학생들이 서로의 의견을 바탕으로 자신의 생각을 보완하는 방식에 주목해 보자. 이는 적극적인 토론 습관과 활발하게 또래와 상호작용하는 문화를 잘 보여준다.

조형적 사고를 위한 멈춤 지점은 비실시간 수업에서도 효과적이다. 교 사는 이렇게 물을 수 있다. "유목민들은 어떤 지리적 특성에 이끌려서 메 소포타미아에 정착했을까요? 지금 영상을 멈추고 여러분의 생각을 구글 클래스룸 게시판에 올려주세요."

학생들은 구글 클래스룸 게시판에서 친구들의 생각을 들여다보고 자신이 처음 한 생각을 수정하거나 내용을 덧붙일 수 있다. 친구들이 어떻게 작성했는지 보고 자신의 생각에 새로운 아이디어를 통합하려면 자신의 답과 친구들의 답을 비교해야 한다.

실시간 수업에서 교사는 똑같은 질문을 하되 학생들이 글로 작성한 답들을 토론 주제로 이용할 수 있다. 학생들이 제출한 전날 과제에서도 토론 주제를 뽑아낼 수 있다. 가령 "칼리아가 깊이 있는 생각이 담긴 답을 써왔는데 보여줄게요. 여러분이 이것에 대해 곰곰이 생각해 봤으면 좋겠어요."

아니면 현재 채팅창이나 공유된 구글 시트에서 선택한 학생의 의견 중 토론 주제를 뽑아내도 된다. 온라인 수업에서 모두에게 보여주기를 적용한 경우이다. 학생들은 줌 소회의실에서 혹은 각자 생각을 글로 남기며 친구들의 생각을 주제로 토론할 수 있다.

실제 교실에서 모두에게 보여주기 방식을 쓸 때처럼 학생들이 글로 쓴 과제나 답안을 공유하기를 강력히 권한다. 글로 쓴 내용은 오래 가기 때문이다.

학생들은 글로 쓴 내용을 검토하고 신중하게 다시 논의할 수 있다. 토론에서 가장 좋은 마무리 활동은 학생들이 각자 알게 된 점을 반영하여 처음에 쓴 내용을 수정하는 것이다.

학생들의 이해도 확인

교사들이 학생들의 이해도를 확인하는 일은 원격 수업에서 훨씬 까다롭다는 점은 틀림없는 사실이다. 학생들이 배운 것을 이해한 정도에 따라 수업을 바꿀 필요가 있기 때문에 이 부분은 온라인 수업에서도 똑같이 중요하다. 실제 교실에서보다 더 중요하다고 볼 수는 없다고 해도 말이다.

다음 장에서 '이해도 확인'이라는 주제를 상세히 다룰 것이다. 하지만 멈춤 지점이 학생들이 얼마나 이해했는지 파악하는 좋은 기회가 된다는 점을 여기서 잠시 주목해 보자.

예를 들어 일루미나 마요랄 아카데미 중학교의 에릭 스나이더 교사는 소설 『어느 뜨거웠던 날들』을 가르치고 있다. 에릭 교사는 책을 읽은 직후 멈춤 지점을 이용하여 '이해도의 빠른 확인'을 위해 질문을 한다. 그리

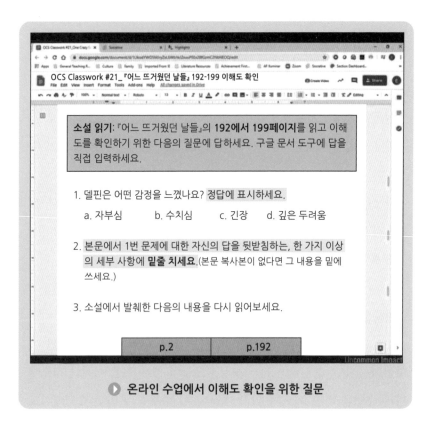

● 온라인 수업에서 이해도 확인을 위한 질문

고 학생들이 어느 정도 이해하는지 파악하기 위해 학생들에게 답을 채팅 창에 올리라고 요청한다.

채팅창 내용을 검토할 때 그는 보완해 줘야 할 코멘트를 생각하기보다 큰 맥락을 짚으려고 한다. 학생들은 이해하고 있는가? 그렇다면 얼마나 많은 학생이 이해하고 있는가? 만일 그렇지 않다면 학생들은 어떤 실수를 하고 있는 것인가?

에릭 교사는 분석을 한 후 학생들의 의견이 갈린다는 사실을 밝힌다. 바로잡아 주어야 할 필요를 느낀 그는 틀린 답 중 하나가 왜 틀린 것인지 설명해 주고 일단 그 선택지를 제거한다. 이어서 학생들에게 자신이 골랐던 답을 다시 보면서 그것을 고른 이유를 다시 평가하고 가장 가능성 있는 답을 선택하라고 한다.

▶ 비디오 클립 에릭 스나이더, "델핀은 자부심을 느낀다"
https://www.wiley.com/go/newnormal

그는 자신의 설명으로 그 문제가 자동으로 해결되었다고 생각하지 않는다. 사실 해결과는 정반대의 상황이 펼쳐진다. 학생들은 여전히 혼란스러워하는 것이다. 하지만 문제가 있다는 점을 그저 인지하고만 있어도 그것을 해결할 기회를 만들 수 있다. 에릭 교사는 잠깐의 멈춤만으로도 이런 통찰력을 얻을 수 있었다.

이해도를 확인할 때는 빈도가 중요하다. 훌륭한 교사들은 수업 시간 내내 주기적으로 확인하는 습관이 있다. 일반적인 학습 내용을 다룬 유형의 수업에 짧은 상호작용에 대한 기대를 설정하면 평가와 반응의 기회를 많이 만들 수 있다. 멈춤 지점이 있을 때 이러한 확인으로 수업을 규칙적으로 끊는 일이 수월하고 자연스러워진다.

이해도를 자주 확인하는 일 못지않게 수업 초반에 확인하는 일도 중요하다. 교사는 학생들이 어떤 내용을 이해하지 못한다면 이를 곧바로 알아야 한다. 에릭 교사는 수업 시작부터 이러한 노력을 기울인다. 영상에 나와 있듯 학생들은 자주 서로를 도와준다.

그는 솔라리에게 친구들한테 답을 설명해 보라고 한다. 훌륭한 학습의 순간과 수업 전략이 이 부분에서 잘 드러난다. 이 수업 전략은 멈춤 지점이 수업에 주기적으로 적용되고 학생들이 서로의 생각을 경청하고 평가하는 습관을 들였을 때 훨씬 더 효과적으로 작용한다.

교사가 학생들의 이해도를 확인한다는 점은 실시간 수업과 비실시간 수업이 비슷하다. 그러나 비실시간 수업의 피드백은 실시간 수업에 비해 늦게 이루어진다. 학생들은 과제물을 사진 찍어 보내거나 구글 문서도구로 제출하여 자신이 얼마나 이해했는지를 교사와 공유한다. 자신의 생각을 말로 표현한 모습을 영상으로 찍어 제출할 수도 있다. 이렇게 여전히 교사는 학생들의 이해도를 파악할 수는 있으나 이 경우에는 시간이 지난 후에야 분석할 수 있다.

멈춤 지점이라는 관점에서 볼 때 영국 리즈에 있는 브릭쇼 고등학교 조지 브램리 교사의 수업은 훌륭한 본보기다. 조지 교사의 학생들이 작성하는 구글 시트를 보면 알 수 있듯 그는 다양한 활동을 위한 여러 가지 짧은 상호작용을 계획했다. 필기, 응답하기, 예측하기가 그것이다.

학생들이 이 구글 시트를 제출하면 조지 교사는 학생들이 수업의 핵심 내용을 얼마나 이해했는지 분명히 파악할 수 있는 자료를 얻게 된다.

대한민국 교육,
책에서 희망을 찾다

교육자들의 자긍심을 회복하고
아이들의 가슴에 꿈을 심고
부모들의 마음에 희망을 전하는
해냄의 교육·청소년 스테디셀러

우리 교육이 행복한 꿈을 꾸기 위해
교사와 학생, 학부모가 반드시 함께 읽어야 할 필독서들!

해냄
www.hainaim.com
전화 02-326-1600 팩스 02-326-1624

요즘 아이들 마음고생의 비밀

김현수 지음 | 신국판 | 284쪽

정신건강의학과 전문의 김현수가 전하는
대한민국 청소년 마음의 기록

★ 대한소아청소년정신의학회에서 수여하는 2020 '노경선 저작상' 수상

요즘 아이들의 세대적 특징과 희망의 불씨를 되살려주는 마음의 점화술

운동하는 아이가 행복하다

KBS 〈운동장 프로젝트〉 제작팀 지음 | 신국판 | 352쪽

자존감·관계·학습력을 회복하는 학교체육의 기적

★ 2019 세종도서 교양부문 선정도서

KBS 학교체육 다큐멘터리팀이 10년간의 취재로 검증한 운동의 효과와
아이들에게 운동할 권리를 되찾아주어야 하는 이유를 만난다!

공부 못하는 아이

EBS MEDIA 기획 | EBS 〈공부 못하는 아이〉 제작팀 지음 | 신국판 | 256쪽

대한민국 99% 아이들이 겪는 현실을 넘어서다

★ 방송통신 심의위원회가 뽑은 '이달의 좋은 프로그램'

최고의 교육기획 EBS 다큐프라임이 밝혀낸
아이가 스스로 공부하는 힘을 회복하는 마음교육 프로젝트!

감정코치 K 1·2·3

최성애·조벽 원작 및 감수 | 이진 글 | 1, 2권 재수 그림 | 3권 천범식 그림 | 신국판변형

청소년·심리·교육·만화 최고의 전문가들이 만났다!

★ 서울시와 서울애니메이션센터가 선정한 청소년 부문 (우수한 한국 만화)

국내 최초 청소년을 위한 심리치유 만화 감정코칭을 통해 자신을 사랑하
되고 행복을 찾아가는 아이들의 따뜻하고 가슴 벅찬 이야기!

하지만 때로는 이 자료가 필요 이상으로 많다. 멈춤 지점이 많았던 것을 감안하지 않고 30개 답안을 다 확인하는 것은 버거울 수 있다. 이런 경우에는 표본 추출을 고려할 수 있다.

▶ 비디오 클립 조지 브램리

https://www.wiley.com/go/newnormal

어떤 교사가 진행하는 비실시간 수업에 학생들에게 잠시 멈추어 과제를 완성하거나 응답을 요청하는 멈춤 지점이 여섯이나 일곱 부분 있다고 해보자. 그렇다면 수업 영상 마지막에 이 교사는 이렇게 말할 수 있다.

"자, 선생님은 오늘 수업 내용에서 2번에서 5번까지의 질문에 대한 여러분의 답을 보고 싶어요. 이 질문들에 대한 답을 선생님한테 이메일로 보내세요(사진을 찍어 문자로 보내세요. 혹은 구글 시트에 작성하세요)." 이렇게 하면 학생들은 과제를 모두 해야 하지만 과제 검사 양에 대한 교사의 부담이 다소 줄어든다.

온라인 학습의 한계는 있을 수 있지만 우리는 비실시간 수업 환경에서 실시하는 멈춤 지점의 효과를 상당히 신뢰하고 있다. 교사는 자신이 맡은 학생들이 단순히 수업의 요점만 파악하려고 영상을 보는 것은 아니라고 믿는다. 하지만 그렇다고 학생들을 무턱대고 믿는 것은 아니다.

학생들이 비실시간 수업의 과제를 잘 하게 하려면 수업 중간에 멈춤 지점을 끼워 넣는 일과 과제나 질문을 다양하게 하는 일이 중요하다. 화면을 통해 학생들에게 이러한 책임감을 부여하는 데 도움이 되는 방법이 있다.

멈춤 신호를 이용하여 학생들이 영상을 일시 정지해야 할 때를 알려주는 것이다. 이때 타이머를 화면에 띄워 학생들이 생각하는 동안 실시간으로 돌아가게 해야 한다. 학생들이 과제를 하는 동안 교사가 함께 과제를 하는 방법도 좋다.

특히 비실시간 수업에서 교사가 수업을 제대로 이해하지 못한 학생이 있다는 사실을 실제 교실에서 학생들과 함께 지낼 때에 비해 훨씬 뒤늦게 알아차린다는 점을 이해해야 한다. 이는 실시간 수업에서도 마찬가지일 것이다. 이를 해결하려면 피드백의 시간 차이를 줄여야 한다.

또한 학생들이 실시간으로든 나중에 채점된 평가로든 교사가 쓴 모범 답안과 자신의 답안을 비교하면 자신이 무엇을 아는지 좀더 포괄적으로 파악할 수 있다.

몇 분 동안 인출 연습하기

인지 과학 분야의 연구 결과를 다룬 대니얼 윌링햄의 『왜 학생들은 학교를 좋아하지 않을까?』와 피터 브라운, 헨리 뢰디거, 마크 맥대니얼 공저 『어떻게 공부할 것인가』에 설명되었듯 장기 기억은 대부분의 교사들이 인지하는 것보다 훨씬 더 중요하다.

학생들은 배운 내용을 대부분 잊어버린다. 19세기 독일의 심리학자 헤르만 에빙하우스(Hermann Ebbinghaus)는 우리가 배운 것을 잊어버린다는 가차 없는 현실과 그 사실의 신빙성에 대해 처음으로 기록하였다. 그는 이 사실을 이른바 '망각 곡선'으로 나타내었다.

우리는 뭔가를 배운 후 하루가 지나면 아무리 이상적인 환경에서도 절반 이상을 잊어버린다. 그런데 온라인 수업은 이상적인 환경이 아니다.

물론 온라인 학습과 비교한 망각 곡선을 나타낸 사람은 아무도 없다. 하지만 온라인 수업에서 대부분의 학습 기능이 덜 효율적이라는 사실을 감안할 때 더 가파른 곡선이 될 가능성이 높다.

그런데 간과하기 쉽지만 멈춤 지점에서 할 수 있는 최상의 활동이 있다. 그 가운데 하나는 몇 분 동안 약간의 인출 연습을 하는 것이다. 학생들은 인출 연습을 통해 이전에 배운 내용을 떠올리고 적용한다.

우리의 동료 에밀리 바딜로 교사가 '생각하며 읽는 영문학(Reading Reconsidered English)' 교육 과정의 일부인 『동물 농장』을 주제로 한 수업 영상이 있다. 수업의 핵심 내용을 강화하기 위해 인출 연습을 활용한 모습이 담겨 있다.

▶ 비디오 클립 에밀리 바딜로

https://www.wiley.com/go/newnormal

에밀리 교사는 화면 장벽 해체를 훌륭히 해내며 마치 게임 같은 분위기를 만든다. 타이머와 카운트다운을 이용하여 그 활동이 재미있도록 긴박감을 부여한다. 우리는 학생들에게 재생 정지 버튼을 누르라고 하지 않는 점이 마음에 든다. 타이머를 계속 작동시켜 시간이 정해져 있는 활동을 학생들이 좀더 흥미롭게 할 수 있도록 한 것이다.

물론 활동의 마무리를 위해 책임을 부여하는 것도 잊지 않는다. 학생들에게 자기 점수를 직접 매기라고 할 뿐만 아니라 각자 완성한 답안을 사진으로 찍어 문자로 보내달라고 요청한다. 즉 그녀는 멈춤 지점을 학생들의 인출 연습에도, 이해도를 확인하는 데도 활용한다.

이따금 계속 이어지는 것처럼 느껴지는 온라인 수업에서 멈춤 지점은 추가적으로 다섯 번째 목적을 이루는 데도 활용할 수 있다. 바로 하루 일과의 단조로움을 깨는 것이다. 우리는 화면을 통해 가르치는 일이 교실에서 얼굴을 마주 보고 활기차게 가르치는 일과 같을 수 없다는 사실을 안다.

하지만 온라인 수업이 '학생을 위한 온라인 세미나'라는 인상을 주지 않기 위해 교사가 할 수 있는 일이 있다. 멈춤 지점은 교사와 학생의 하루에서 통찰, 유대감, 다양성이 조금이나마 허용되는 시간이다. 그러니 멈춤 지점을 활용하라. 우리 모두 이런 것들을 조금 더 누려도 된다.

멈춤 지점은 수업 사이사이에 끼워 넣는 짧은 상호작용의 순간을 말한다. 멈춤 지점은 다양한 형태를 띨 수 있고 그래야만 한다.

- **멈춤 지점:** '초반에'와 '자주'가 핵심이다. 실시간이나 비실시간으로 진행되는 온라인 수업은 적극적인 참여를 유도하기 위해 자주 멈추는 것이 중요하다.

  짧고 빈번한 멈춤 지점은 학생들에게 수업에 집중해야 한다는 메시지를 보낸다. 뿐만 아니라 작업 기억과 주의력을 유지하는 데도 중요하다. 작업 기억과 주의력은 원격 수업 환경에서 중요한 요소이다.

- **멈춤 지점의 네 가지 목적:** 멈춤 지점은 적어도 네 가지의 목적을 이루어야 한다. 첫째, 인지적 참여와 책임의 문화를 형성해야 한다. 둘째, 조형적 사고를 허용해야 한다. 셋째, 학생들의 이해도를 확인할 수 있어야 한다. 넷째, 인출 연습을 통해 학습 내용을 기억에 통합할 기회를 제공해야 한다. 마지막으로 하루 일과의 단조로움을 깨는 데도 도움이 된다.

5장

학생들의 이해도를 확인할
평가 방식 구성하기

Teaching in the Online Classroom

이해도 확인은 가르치고 배우는 일에서 중요한 부분이다. 교사는 최대한 효과적으로 가르치기 위해 학생들이 무엇을 생각하는지 수업이 진행되면서 그 생각이 어떻게 변하는지 지속적으로 알아야 한다.

미국의 농구 감독 존 우든(John Wooden)의 말을 다른 말로 바꾸어 표현하면 교사의 목표는 '내가 그것을 가르쳤다'와 '그들이 그것을 배웠다' 사이의 간극을 인지하는 일이다. 이 부분은 교사가 학생들과 같은 공간에 있을 때조차 상당히 어려운 일이다. 하물며 온라인 수업 환경에서 이 문제는 더 커진다.

교실에서 교사는 학생들의 어깨 너머로 노트를 들여다보고 학생들의 반응을 관찰하고 학생들의 토론을 경청하는 식으로 이해도를 평가한다. 교사가 수업 마지막에 평가를 하면 가르친 것과 배운 것 사이에 있는 차이를 인지하는 데 도움이 된다.

반면 수업 도중에 이해도를 확인하면 그 시점에서 학생들의 생각과 잘못된 이해를 감지하여 전반적인 학습 상태를 효과적으로 파악할 수 있다. 교사가 학생들이 잘못 아는 부분을 파악하여 이를 바로잡아 줄 최선의 방법을 찾는다면 학생들은 완벽히 아는 상태에 수월하게 도달한다. 잘못된 이해는 눈뭉치처럼 점점 커지고 단단해지는 경향이 있기 때문이다. 따라서 이를 재빨리 인지하고 바로잡아 주는 일은 중요하다.

하지만 온라인 수업의 상황은 다르다. 교사와 학생들의 접촉이 제한되기 때문에 원래도 만만치 않은 이해도 확인이 더 어려워진다. 교사들은 통합적, 집단적 경험을 하는 교실에서 활용했던 비공식적인 도구의 상당 부분이 갑자기 사라진 상태에 처했다.

멀리 있는 학생의 어깨 너머로 노트를 들여다볼 수 없거니와 작은 창을 통해 줌 수업을 하고 이메일로 과제를 보내게 된 것이다. 이런 상황에서 학생의 감정과 몸짓 언어에 진정으로 주의를 기울이기란 어렵다. 더군다나 교사는 수업을 실시간으로 하지 못할 수도 있다. 자기 집 거실에서 혼자 수업 영상을 녹화하고 학생들에게 전송한 후 좋은 성과가 나기만을 바랄지도 모른다.

교실이 온라인으로 옮겨온 이후 우리가 교사들과 대화를 나눌 때마다 계속 등장하는 질문이 있다. "학생들이 실제로 공부를 하는지, 공부에 얼마나 진전을 이루고 있는지 제가 어떻게 알 수 있을까요?"

우리는 많은 훌륭한 교사들이 평가 과정을 통해 학생들의 이해도를 확인하는 것을 목격했다. 이는 교사가 학생들에게 과제를 완수하도록 요청하고, 교사가 하든 학생 본인이 하든 이것을 모범 답안과 비교하여 평가하는 것이다.

교사들에게 평가 과정은 자료를 수집하고 학생의 이해도를 관찰하는 방식이다. 학생들에게 평가 과정은 학습에 대한 이해를 공고히 하고 자기 평가 기술을 키우는 기회가 된다. 평가 과정은 공동의 책임 문화를 형성하는 데도 도움이 된다. 이는 학생들이 자신의 과제를 완성해야 한다는 책임감과 그렇게 할 때 학습에 진전이 있다는 확신을 느끼는 문화를 말한다.

우리는 교사들이 학생들의 이해도를 확인하기 위해 세 가지 유형의 평가 과정을 이용하는 것을 확인했다. 바로 암묵적 평가(Implicit Assessment), 실시간 평가(Real-time Assessment), 사후 평가(Lagging Assessment)이다. 각각의 유형에는 장단점이 있기 때문에 학생의 이해도를 가장 완벽하게 파악하려면 균형 잡힌 접근법을 쓰는 것이 좋다.

암묵적 평가

암묵적 평가는 일반적으로 답안을 제출하지 않는 상황에서 학생이 자신의 답안을 모범 답안과 비교해 확인하는 것이다. 교사는 수업을 잠시 멈춘 후 학생들에게 짧은 과제를 내준다. 잠시 후 모범 답안을 공유하며 흔히 하는 실수를 강조하고 어떻게 정답에 도달해야 하는지 설명한다.

이때 교사는 학생들에게 자기 평가와 수정에 대한 책임에 대해 말해 줘야 한다. 예를 들어 "실수한 부분을 모두 바로잡으세요"라든가 "빠진 내용을 추가하면서 답을 수정하세요"라고 말이다. 흔히 우리는 이러한 모습을 비실시간 수업에서 목격한다. 하지만 시간 활용을 위해 혹은 학습에 대한 학생들의 책임감을 증가시키기 위해 실시간 수업에서도 암묵적 평가를 진행할 수 있다.

킵 세인트 루이스 고등학교의 조슈아 험프리 교사가 맡은 수학 수업에서 나타나는 암묵적 평가의 순간을 확인해 보자. 이 비실시간 수업에서 학생들은 잠시 정지 버튼을 누르고 각자 바로 완수 과제를 한다. 잠시 후 조슈아 교사는 검토를 하며 간단한 그래픽을 이용해 정답을 강조한다.

학생들은 조슈아 교사에게 답안을 제출하지 않지만 수업 뒷부분에 나오는 과제를 완성하기 위해서는 이 개념들을 이해해야 한다. 수업은 빠

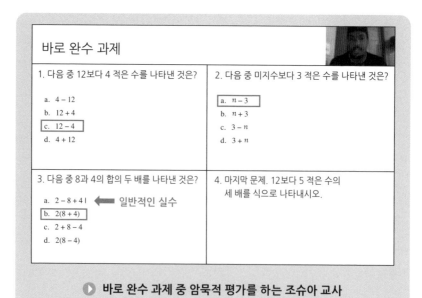

바로 완수 과제 중 암묵적 평가를 하는 조슈아 교사

르게 진행된다. 조슈아 교사는 바로 완수 과제를 검토하는 데 2분을 채 쓰지 않으며 학생들에게 각자 답을 확인해 보라고 한다.

그리고는 한 가지 까다로운 질문을 선택해 학생들이 자주 틀리는 답을 짧게 설명한 후 정답을 알려준다. 조슈아 교사는 이렇게 말한다. "3번 문제에서 가장 흔하게 선택하는 오답이 A예요…… 그런데 문제에서 핵심 단어가 합계죠…… 그러니 우리는 괄호를 사용해야 해요."

그는 그래픽을 활용해 우선 흔한 오답을 강조하고 이어서 정답을 강조한다. 따라서 학생들은 자신의 답을 확인하는 동시에 실수를 인지할 수 있다. 아무리 온라인 비실시간 수업이라도 학생이 스스로 실수를 확인하고 고칠 수 있는 이런 종류의 기회가 제공되면 실수 분석이 이해도 확인을 위한 유용한 도구가 된다.

▶ **비디오 클립 조슈아 험프리**

https://www.wiley.com/go/newnormal

브롱크스에 있는 크레오 칼리지 프렙의 5학년 교사 세스 쿠마르-헐 (Seth Kumar-Hull)은 읽기 수업의 멈춤 지점에 뒤이어 암묵적 평가를 진행한다. 비실시간 수업에서 학생들은 로이스 로우리(Lois Lowry)의 『별을 헤아리며』를 제대로 이해하기 위해 덴마크 저항 운동을 다룬 역사 지문을 읽는다.

세스 교사는 지문을 큰 소리로 읽다가 첫 단락이 끝나자 잠시 멈추고 말한다. "여기서 '이 단락의 핵심 생각은 무엇인가?'에 대한 설명을 써보세요. '위험한'이라는 단어를 사용하여 써보세요. 시간은 30초입니다. 자, 시작."

그는 학생들이 잠시 영상을 멈추고 각자 설명을 쓰게 한 후 다시 시작한다. "여러분이 쓴 내용이 선생님이 쓴 내용과 비슷한지 확인해 보세요. 선생님은 덴마크 사람들이 다른 전쟁에 관여하는 것은 너무 위험하다고 정리했어요."

그는 이어서 이러한 자신의 생각을 다른 필기 문서에 입력한다. 이렇게 학생들이 따라 하길 바라는 과정을 본보기로 보여주면서 학생들에게 명확한 모범 답안을 제시하는 것이다.

▶ **비디오 클립 세스 쿠마르-헐**

https://www.wiley.com/go/newnormal

일반적으로 우리는 글로 쓴 답안으로 암묵적 평가를 한다고 생각한다. 하지만 초등학교 저학년의 경우 큰소리로 말하는 수업으로 암묵적 평가를 진행할 수 있다.

예를 들어 브루클린 라이즈 차터스쿨의 1학년 교사 데이비스 파이퍼(Davis Piper)는 사이트 워드를 복습하기 위해 플래시카드를 이용한다. 단어마다 카드를 보여주고 그 단어를 두 번 말한 후 학생들에게 그 단어를 직접 말해 보라고 한다. 까다로운 단어일 경우 발음을 되풀이하여 들려준다. 그러면 학생들은 본인이 말하는 소리와 선생님이 읽어 주는 소리의 차이를 들을 수 있다.

실수를 바로잡고 수정할 수 있다

암묵적 평가는 실수를 바로잡고 수정하는 습관을 수업 문화에 정착시킬 수 있는 기회를 준다. 영국에 있는 플리머스 해양 아카데미에서 제작된 수업 영상 가운데 우리가 좋아하는 한 영상에서 클로에 하이킨 교사는 그렇게 한다.

그녀는 학생들에게 수업 내용을 잘 모를 때는 도움을 받을 수 있다는 점을 자주 언급한다.

"분할 비율에 대한 이 두 문제를 보고 어떻게 하는지 기억나지 않거나 풀 수 있다는 확신이 백퍼센트 생기지 않는다면 지금 영상을 멈추고 2단계 영상을 보세요. 그걸 보고 확신이 든다면 인출 연습을 풀 준비를 하세요."

이렇게 하면 학생들은 자신의 이해도에 대한 암묵적 평가를 바탕으로 다음 단계로 나아가게 된다.

▶ 비디오 클립 **클로에 하이킨**

https://www.wiley.com/go/newnormal

이러한 선택 안은 학생들이 실수하고 모르는 부분을 바로잡는 데 도움이 된다. 학생들은 자신의 이해도를 파악한 후 다음 단계에 대해 현명한 선택을 할 수 있다. 뿐만 아니라 단순히 답을 고치는 것 이상으로 수정할 수 있는 구체적인 행동이 이 선택 안에 있다.

플리머스 해양 아카데미의 젠 브리밍(Jen Brimming) 교사가 비실시간 수업으로 고등학교 영문학을 가르치는 영상이 있다. 젠 교사는 학생들에게 화면에 나온 이미지가 착취(exploitation)의 예시라고 설명한 후 일시 중지 버튼을 누른다. 그리고 학생들에게 기록하기를 완성하라고 요청한다. 그녀는 핵심 단어에 밑줄을 치며 이 단어를 정의해 놓았다.

▶ 비디오 클립 젠 브리밍

https://www.wiley.com/go/newnormal

잠시 후 젠 교사는 한 학생이 쓴 답안을 보여준다. 여느 교사들처럼 정답을 제시하지 않고 가장 그럴듯한 답안을 보여준다. 전체적으로 방향은 맞지만 모범 답안을 충족시키지는 못하는 답안이다. 이런 방식으로 그녀는 학생들이 수정하도록 피드백을 제공하고 학생들은 자신이 쓴 답의 부족한 부분을 인지한다.

그녀는 착취의 정의를 다시 읽어준다. 그리고는 완벽한 정의에 핵심적인 두 부분이 있다는 점을 강조하고 수정을 위한 피드백을 해준다. 이어서 처음에 보여준 답안에 정의의 두 번째 부분을 추가하여 수정의 중요

▶ 핵심 단어를 강조한 젠 교사의 수업 화면

성을 시각적으로 분명히 보여준다.

젠 교사는 모범 답안을 두 부분으로 나눈다. 그래서 좀더 알아채기 어려운 두 번째 요소를 놓친 학생들이 이해하지 못해 벌어진 틈을 스스로 분명히 확인하게 해준다. 이렇게 수정을 통해 틈을 메울 기회를 주는 것이다.

학생들은 다시 쓸 기회를 얻고 그녀는 검토를 마무리한다. 수업 구성 사이사이 수정 과정이 있는 방식은 자기 평가 문화와 학생의 책임감을 형성시킬 수 있다.

암묵적 평가의 장단점

암묵적 평가를 의도적으로 수업 평가의 한 부분으로 만들면 학생들의 자기 평가 능력과 학습에 대한 책임감을 향상시키는 데 도움이 된다. 학생들은 자신의 진행 상태를 파악할 책임을 질 때 독립심과 학습에 대한 책임감을 키우게 된다. 교사가 이를 꾸준히 장려한다면 이것이야말로 진정한 성공이다.

암묵적 평가는 수업의 속도와 흐름에 맞추어 진행된다. 게다가 노트에 적으며 하는 활동이기 때문에 화면을 통한 학습에서 잠시 벗어날 수 있다. 암묵적 평가를 한다는 것은 채점하고 점검하는 교사의 부담이 줄어든다는 의미이기도 하다.

하지만 암묵적 평가를 진행하려면 상당한 신뢰가 있어야 한다. 자신의 답안을 세심하게 확인하는 학생들도 있지만 그렇지 않은 학생들도 있다. 비실시간 수업에서 어떤 학생들은 영상을 멈추라는 지시를 놓칠 수 있다. 그 바람에 직접 써보기도 전에 답을 들을 수도 있다. 일부 학생들은 멈춤 버튼을 일부러 누르지 않을 수도 있다. 과제를 직접 하지 않고도 정답을 알 수 있다고 생각하기 때문이다.

학생이 과제를 하는지의 여부를 떠나 그들이 '암묵적 평가를 통해 무엇을 얻는가'라는 점이 더 중요한 문제이다. 어떤 학생들은 과제를 완수하지만 그 과정에서 여전히 많은 것을 배우지 못한다. 인지 과학자들은 이는 초보자가 부족한 답과 모범 답 사이의 차이점을 전문가만큼 인지하지 못하기 때문이라고 말한다.

더닝-크루거 효과(Dunning-Kruger Effect, 인지 편향의 하나로 능력이 없는 사람이 잘못을 저질러놓고도 실수를 알아차리지 못하는 현상 - 옮긴이)에 따르면 어떤 것에 대해 잘 모를수록 그것에 대해 자신이 한 일의 수준을 잘 모른다.

따라서 교사가 "여러분의 답이 모범 답안과 비슷하다면 내용을 파악한 거예요"라는 말과 반대의 상황이 벌어질 수 있다. 모범 답안과 비슷하지 않은 답을 작성한 학생이 확신을 갖고 '그래 내가 한 거랑 비슷하네'라고 생각할 경우이다.

이 경우 학생과 교사 모두 두 답안의 차이를 알지 못한다. 교사는 암묵적 평가를 활용할 때 학생들이 정확한 답을 썼다고 믿지만 실제로 그렇지 못한 학생들이 많다는 점을 인지해야 한다. 또 그들이 자신의 답안을 정확하게 수정하지 못할 수 있다는 점도 알아야 한다.

성공적인 실행을 위한 조언

- 잠시 멈추고 과제를 하라고 말하기 전에 그 목적을 알려준다. 과제를 나중에 어떻게 활용할 것인지 분명히 말해 주는 것이다.
- 비실시간 수업을 할 때 학생들에게 영상을 멈추라고 하지 말고 허용된 과제 시간 동안 영상이 계속 돌아가게 하는 방법을 시도해 본다. 이렇게 하면 학생들이 과제를 완수할 가능성이 높아진다. 카운트다운하는 타이머를 보여주거나 "1분 지났으니 이제 90초 남았어요"라고 남은 시간을 말해 주어 학생들이 속도를 내게 한다. 3장에서 김 그리피스 교사의 인출 연습 수업 화면을 보면 원이 점점 채워지는데 이 변화는 학생들이 남은 시간을 확인하는 데 도움이 된다.
- 모범 답안을 보여준 후 수정할 기회를 준다. 학생들이 암묵적 평가에서 자기 답안의 허술한 부분을 메우려면 그것을 모범 답안과 비교하고 그에 맞게 수정할 시간이 있어야 한다.
- 답을 어떻게 검토할지 심사숙고해야 한다. 그래야 학생들이 자신의 답을 가장 정확하게 점검할 수 있다. 예를 들어 "다음에 나온 용어들 가운데 본인이 포함시킨 용어 옆에 체크 표시를 하세요"라고 과제를 명확하게 내주거나 정답의 범위를 설명해 준다.
- 예상되는 실수를 따져본다. 틀리기 쉬운 부분을 바로잡아 주고 학생들이 다시 생각하도록 격려하며 저지를 수 있는 실수를 검토한다.

사후 평가

○ 사후 평가는 학생들이 과제를 완성하고 교사에게 제출하면 나중에 교사가 이를 평가하는 것을 말한다. 사후 평가를 하면 수업의 속도 내기에 도움이 될 뿐만 아니라 좀더 많은 양의 과제로 학생들의 이해도를 확인할 수 있다.

이 평가는 실시간 수업과 비실시간 수업에서 모두 활용할 수 있다. 사실 우리가 관찰한 대다수의 수업에 일종의 사후 평가가 있었다. 학생들이 피드백을 받고 교사가 학생들의 학습 상태를 파악하는 일이 시간이 좀 지난 후에 진행되었던 것이다.

브루클린에 있는 언코먼 사립 고등학교의 세라 셔(Sara Sherr) 교사는

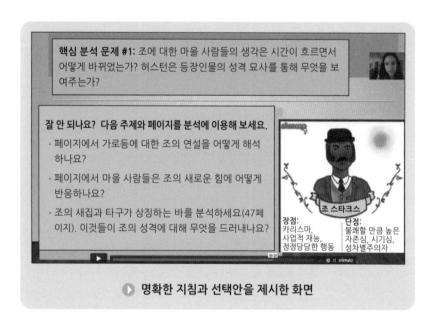

핵심 분석 문제 #1: 조에 대한 마을 사람들의 생각은 시간이 흐르면서 어떻게 바뀌었는가? 허스턴은 등장인물의 성격 묘사를 통해 무엇을 보여주는가?

잘 안 되나요? 다음 주제와 페이지를 분석에 이용해 보세요.

- 페이지에서 가로등에 대한 조의 연설을 어떻게 해석하나요?
- 페이지에서 마을 사람들은 조의 새로운 힘에 어떻게 반응하나요?
- 조의 새집과 타구가 상징하는 바를 분석하세요(47페이지). 이것들이 조의 성격에 대해 무엇을 드러내나요?

조 스타크스

장점: 카리스마, 사업적 재능, 정정당당한 행동

단점: 불쾌할 만큼 높은 자존심, 시기심, 성차별주의자

▶ 명확한 지침과 선택안을 제시한 화면

고급 영문학 수업에서 학생들에게 영상을 잠시 멈추고 6분 동안 답안을 타이핑하라고 한다. 그녀는 답안에 무엇이 들어가야 하는지(주장, 근거, 요점) 명확한 지침을 제시한다. 학생들이 막힐 경우 선택해야 하는 몇 가지 선택안과 지침도 화면에 제시되어 있다.

세라 교사는 학생들과 같은 공간에 있지 못하기 때문에 학생들이 어떤 점을 어려워할지 예상하여 지침과 보충 자료를 제공한다. 학생들이 재생 버튼을 다시 누르면 "답안은 구글 클래스룸으로 오후 2시까지 제출하세요"라는 지침이 뜬다. 명확한 책임과 제출 시한을 제시한 것이다. 이후에 그녀는 제출된 답안들을 검토하고 그것을 다음 수업에 활용할 것이다.

▶ **비디오 클립 세라 셔**

https://www.wiley.com/go/newnormal

교사는 사후 평가를 통해 학생들에게서 좀더 광범위한 자료를 수집할 수 있다. 가령 교사는 학생들에게 인출 연습을 시킨 후 학생들이 각자 노트에 기록한 내용을 사진으로 찍어 정해진 시간까지 보내달라고 요청한다. 교사는 이에 대한 검토를 바탕으로 추가 복습을 할지 여부와 한다면 어디에 우선순위를 두어야 할지 결정한다.

사후 평가의
장단점

° 사후 평가는 채팅이나 발표를 통해 학생의 생각을 재빨리 파악하는 것이 아니다. 학생이 제출한 내용을 시간을 들여 세심하게 읽고 그 속에서 학생의 이해도를 파악하는 것이다. 그것은 또한 비교적 단순한 기술로 가능하며 수업의 속도를 지키는 데 도움이 된다.

사후 평가를 할 경우 학생들은 자신의 생각을 전개할 시간과 공간이 생긴다. 더불어 마감 시간을 지키고 자신의 과제량을 관리하는 연습을 할 수 있다.

하지만 학생들의 과제 제출로 엄청난 양의 자료가 쌓일 수 있다. 따라서 교사는 학생의 제출물을 정리하고 거기에 응답할 수 있는 효과적인 체계를 갖춰야 한다.

교사는 수업 중에 학생들의 어깨 너머로 학습 상태를 빠르게 감지할 수 있는 상황이 아니다. 이메일로 받은 30개의 제출물을 처리하거나 구글 클래스룸을 돌아다녀야 한다. 그러니 현실적으로 검토하고 피드백을 해줄 방법을 신중하게 생각해야 한다. 만약 가능하다면 교원을 확충하거나 다른 교사의 지원을 받는 것도 좋다.

사후 평가는 학생들의 이해도를 명확히 파악할 수 있다는 장점이 있다. 하지만 시간이 지난 후 평가한다는 것은 때로 학생들의 실수와 잘못된 이해를 너무 늦게 알게 된다는 의미이기도 하다.

수업 마지막에 내준 과제를 검토하는 때가 되어서야 교사는 대다수의 학생들이 중요한 내용을 잘못 이해했다는 사실을 알아차릴지도 모른다.

이는 특히 비실시간 수업에서 발생할 수 있는 문제이다. 수업이 끝난 후 답안들을 검토할 때에야 비로소 예상치 못했던 부분에서 많은 학생들이 고전하고 있다는 점을 깨달을 수 있다는 말이다.

 성공적인 실행을 위한 조언

- 효율적인 피드백을 위해 모범 답안을 활용한다.
- 학생이 과제를 제출하지 않았을 경우 후속 조치 체계를 미리 계획한다.
- 과도한 과제는 좋지 않다. 과제를 신중하게 내주어야 학생들이 열심히 완수할 가능성이 높다. 그러면 교사 역시 사려 깊은 피드백을 해줄 가능성이 높다.
- 이어지는 수업을 피드백과 연결시킨다. "많은 학생들이 증거를 대는 것을 어려워해서 오늘 수업에서 이 부분을 다룰 거예요". 이전 수업의 모범 답안을 큰 소리로 읽어주는 식으로 화면 장벽을 해체한다.
- 세라 셔 교사의 파워포인트에서 본 것처럼 학생들을 위한 보충 내용이나 지침을 추가한다.

실시간 평가

실시간 수업에서 실시간 평가는 교사가 학생이 어려워하거나 잘하는 부분에 대한 정보를 즉시 수집하여 학생의 이해도를 곧바로 파악하는 것을 말한다. 이것은 실제 교실에서 진행되는 이해도 확인을 가장 잘 반영하는 평가 유형이다. 교실에서 교사는 학생들과 같은 시간, 같은 공간에 있기 때문에 이해도를 바로 평가하고 반응해 줄 수 있다.

실시간 평가의 본보기를 에릭 스나이더 교사의 5학년 영어 수업에서 볼 수 있다. 학생들이 윌리엄스-가르시아의 소설 『어느 뜨거웠던 날들』에서 발췌된 부분을 들으면 에릭 교사는 빠른 확인을 위해 학생들에게 잠시 멈추라고 한다.

이어서 발췌 내용에 대한 객관식 문제를 풀고, 자신의 생각을 뒷받침하는 근거를 강조해서 표기한 후 이 답안을 채팅창에 올리라고 한다. 학생들에게 준 1분의 시간이 완료돼 채팅창에 답안이 올라올 때 진심으로 고마움을 전한다.

▶ **비디오 클립 에릭 스나이더, "델핀은 자부심을 느낀다"**
https://www.wiley.com/go/newnormal

이러한 실시간 평가로 학생들이 잘못 아는 부분이 드러나고 에릭 교사는 이를 바로 명확하게 알려준다. "1번 문제를 살펴보기 전 말해 줄 것은 이 문제에서 우리가 의견이 갈린다는 거야. 우리가 델핀의 감정을 약간 혼동하고 있는 것 같아."

그는 다음 단계로 넘어가는 대신 중요 문장을 다시 읽고 학생들이 잘못 아는 부분을 그 즉시 바로잡아 준다. 이렇게 다시 읽어준 후 오답이나 정답을 알려주기 전에 학생들에게 답안을 다시 제출하라고 한다.

잠시 후 에릭 교사는 "약 70퍼센트의 학생들이 정답을 맞혔지만 여전히 약간 헷갈려하는 것 같다. 이 문제는 좀 어려우니 무작위 호명은 안 할게. 누가 1번 문제의 정답이랑 그 이유를 말해 줄 수 있어?"라며 한 학생을 부른다. 그 학생이 정답을 명확히 설명하여 모두 이해를 하면 다음 질문으로 넘어간다.

리베르타스 칼리지 프렙의 5학년 교사 아리아나 초프는 소설 『에스페란사의 골짜기』를 주제로 실시간 수업을 한다. 아리아나 교사는 학생들에게 이전 수업 내용을 떠올려보라고 한 후 1분의 시간을 주며 자신이 준 질문의 답을 구글 클래스룸에 올리라고 한다.

학생들이 작성하는 동안 그녀는 제출을 완료한 학생들의 이름을 언급하며 참여한 것에 대한 고마움을 전한다. "칼렙, 좀더 구체적으로 써볼래요?" 이렇게 종종 큰 소리로 개인적인 피드백을 하기도 한다. 잠시 후 토론을 시작하기 위해 케일럽을 호명하여 작성한 내용을 읽어보라고 한다. 이어서 다른 학생에게 내용을 보완해서 말해 보라고 한다.

▶ **비디오 클립** 아리아나 초프, "자두"

https://www.wiley.com/go/newnormal

그녀는 학생들의 답안들이 정확할 때 다음 단계로 넘어간다. "채팅창에 올라온 답안들이 마음에 드네요. 이제 곧바로 읽기를 해봅시다." 아리아나 교사는 실시간 평가를 통해 학생들이 잘했다는 점을 알았다. 그렇기에 그 질문에 시간을 더 쓸 필요 없이 수업의 다음 단계로 넘어갈 수 있다고 생각한다.

실시간 평가의 장단점

실시간 평가는 실제 교실에서 수업하는 환경을 가장 비슷하게 반영하기 때문에 학생들의 집중, 참여, 과제 완수에 도움이 된다. 교사는 학생들이 과제를 하는 모습을 보고 학생들의 답안 작성에 도움을 줄 수 있다. 에릭 교사처럼 학생들이 잘못 이해한 부분을 곧바로 인지하고 수업을 조정하며 지체 없이 실수를 바로잡아 줄 수 있다.

학생들은 에릭 교사가 자신의 습관을 언급하거나 답안 제출에 고마움을 표현할 때 선생님이 자신을 지켜보고 있으며 인정받는다고 느낀다. 실시간 평가는 자료를 수집하는 기회가 될 뿐만 아니라 학생들의 존재와 노력과 결과물을 인정하여 학생들과 유대감을 형성하는 기회가 되기도 한다.

하지만 실시간 평가는 수업 속도를 더디게 할 가능성이 있다. 모든 학생이 답안을 채팅창에 올리거나 구글 문서 도구를 이용하는 것은 시간이 필요한 일이다. 수업 진행에 난항을 겪거나 기술적 문제가 일어날 수도 있다.

교사는 수업의 흐름이 깨지지 않도록 플랫폼을 신속하고 원활하게 다루어야 한다. 실시간으로 정보를 수집하는 일이 만만치 않을 수도 있다.

실시간 수업에서 학생들은 좀더 피상적으로 답하는 경향이 있는데 한 교사는 이를 두고 이렇게 말한다. "각각의 과제를 짧은 시간 내에 완수해야 할 경우 생각하는 비율을 높이기 어렵다."

성공적인 실행을 위한 조언

- 참여 방식에 대해 곰곰이 생각한다.
- 잘 구성된 객관식 질문들을 수업에 넣는다. 쉽게 느껴진다는 이유로 이따금 우리는 객관식 문제를 활용하지 않는다. 하지만 에릭 교사가 보여주듯 잘 구성된 객관식 문제는 실시간으로 이해도를 확인하기 위한 좋은 방법이다.
- 가능하다면 다른 교원의 도움을 활용한다. 기술 문제나 채팅창 관리에 동료 직원의 도움을 받을 수 있다.
- 학생들이 깊이 있는 사고를 할 수 있도록 수정 과제나 여러 단계의 실시간 평가를 수업에 활용한다. "반 친구들의 생각 중 하나를 발전시켜 자신의 글로 다시 써보세요."
- 수학이나 과학 수업에 화이트보드를 활용한다. 타이핑으로 완성하기 힘든 과목이 수학이나 과학이다. 교사는 학생들에게 각자의 화이트보드에 도표를 그리거나 문제를 풀어 화면에 보이게 올리라고 할 수 있다. 그러면 실시간으로 이해도를 확인할 수 있다.
- 채팅창이나 문서 도구에 타이핑하기 힘든 초등학교 저학년 학생

들이라면 좋아요(싫어요) 표시를 사용하도록 한다. 손가락으로 나타낸 숫자 표시를 사용하여 학생들의 생각을 물을 수 있다. 학생들에게 노트를 화면 쪽으로 들어올리게 하거나 책의 한 지점을 가리켜보라고 할 수도 있다.

평가로 수업의 효과를 극대화하는 기법

교사는 세 가지 평가 형태의 장점들을 극대화하고 단점들을 최소화하기 위해 각각의 평가를 언제 어떻게 활용할지 신중하게 계획해야 한다.

교사는 어떤 수업에서든 학생들이 실수할 만한 부분에 대해 어떻게 할지 미리 계획을 세워야 한다. 학생들이 잘못 이해할 만한 부분을 예측하여 어떻게 대답해 줄지 미리 준비해야 한다는 말이다.

첫 번째 단계는 질문의 우선순위를 정하는 일이다. 가장 활용도가 높은 질문은 무엇인가? 학생들이 가장 어려워할 가능성이 높은 질문은 무엇인가? 오늘 수업의 목표나 핵심 내용이 질문 속에 어떻게 담겨 있는가? 이어 답안을 작성한 후 발생 가능한 실수들을 파악한다.

학생들은 무엇을 어려워할 가능성이 높은가? 작성한 답안에서 빠진 부분이나 부족한 부분은 무엇인가? 수업 목표와 학생들이 헷갈려할 것 같은 부분을 명확히 파악했다면 평가 계획을 세운다.

이렇게 하면 학생들이 잘못 이해할 만한 부분을 정확히 인지하여 해결하는 데 필요한 자료를 얻을 가능성이 높다. 평가 계획을 세울 때 다음의 질문을 고려하면 좋다.

- 학생들이 이 과제를 완수하는 데 얼마나 걸릴 것인가? 내가 답안들을 검토하는 데 얼마나 걸릴 것인가?
- 나는 어떤 유형의 피드백을 하고 싶은가? 나는 학생들이 나의 피드백을 받고 어떻게 하기를 바라는가?
- 이 지점에서 학생들이 잘못 이해한 부분은 수업을 지속하는 데 걸림돌이 되는가? 아니면 다른 질문이나 토론을 통해 해결될 수 있는가?
- 학생들은 수업 과정이나 생각의 단계에서 어느 지점에 있는가? 수업 과정의 초반 즉, 학생들이 여러 가지 아이디어를 탐험하고 적용해야 하는 단계인가? 아니면 학생들이 스스로 생각한 것과 대화를 통해 보충한 내용을 바탕으로 좀더 다듬어진 생각을 제시해야 하는 단계인가?

계획 세우기에서 중요한 부분은 주어진 수업에서 시너지 효과를 극대화하는 일이다. 가령 실시간 수업에서 로이스 로우리(Lois Lowry)가 쓴 『기억 전달자』의 2장을 다룬다고 가정해 보자.

교사는 학생들이 처음 읽는 동안 주석 달기 과제를 내줄 수 있다. "읽는 동안 조너스 가족이 행하는 의식의 증거에 주석 표시를 달고 그 목적이 무엇일지 적어보세요"

교사는 이 부분에서 암묵적 평가를 선택할 것이다. 학생들이 이 과제를 잘 해낼 가능성이 높다는 점을 알기에 답안을 검토하는 데 많은 시간을 쓰고 싶지 않기 때문이다. 모범 답안을 빠르게 검토하기만 해도 학생들이 이 부분의 의미를 확실히 파악하고 다음 부분으로 넘어갈 준비가 되리라는 점도 알고 있다.

교사는 학생들이 책을 읽고 과제를 작성할 시간을 준 후 이렇게 말할 수 있다. "여러분의 주석을 선생님이 쓴 주석과 비교해 보세요. 선생님은 그것이 아침부터 모든 가족이 자신의 가장 강한 감정을 나누어 서로 공감하는 의식이라는 것을 파악했어요. 지금 20초를 줄 테니 각자 쓴 내용에 '공감'이라는 단어를 추가해 보세요."

이 수업에서 교사는 학생들에게 몇 페이지를 읽힌 후 브레인스토밍 방식으로 채팅창에 글을 남기게 하여 실시간 평가를 할 수도 있다. "여러분은 이 의식에서 무엇을 알아차렸나요? 이 가족은 이 의식을 왜 행할까요? 각자 채팅창에서 선생님한테만 답을 보내세요. 그러면 선생님이 무작위로 호명을 할 거예요."

이 시점에서 교사가 실시간 평가를 선택한 이유는 학생들이 얼마나 이해하는지 파악하는 것이 중요하다고 생각하기 때문이다. 교사는 이런 생각을 한다. 모두 같은 페이지를 보고 있나? 따라오지 못하는 학생이 있나? 중요한 부분을 놓친 학생이 있나?

이때쯤 학생들은 여전히 생각을 형성하는 상태이다. 그렇기 때문에 교사가 빠르게 반응하면 학생들은 헷갈려하는 부분을 발견하여 해결하는 데 필요한 정보를 얻게 된다. 교사는 학생들의 답안을 보고 경향을 파악한 후 한 학생을 호명하여 자신의 생각을 자세히 말해 보라고 해본다. 이렇게 하면 모든 학생이 자신의 답안을 수정할 기회를 얻을 수 있다.

수업이 끝난 후 사후 평가를 원한다면 학생들에게 조금 전의 답안을 좀더 길게 작성하고 다음의 질문에 근거를 대어 답하라고 요청할 수 있다. "이 가족의 의식을 어떻게 묘사할 것인가? 이 의식은 어떤 목적을 위한 것으로 보이는가? 이것은 그 공동체에 대해 무엇을 암시하는가?"

교사는 학생들이 시간을 들여 수업 시간에 작성한 답안들을 검토하고 이 소설을 좀더 전체론적으로 생각하길 바라며 이러한 질문을 한 것이다. 이렇게 마지막으로 다듬어 쓴 답안들 가운데 모범 답안을 모두에게 보여주기로 다음 날 수업을 시작할 수 있다. 교사는 이 평가를 마무리하고 실시간으로 진행되는 새로운 평가로 넘어간다.

우리는 6학년을 가르치는 벤 에서 교사의 수업에서 이러한 시너지 효과의 예를 본다. 벤 교사와 학생들은 로리 할스 앤더슨(Laurie Halse Anderson)의 『체인스(Chains)』를 읽는다.

그는 학습 과제에서 100점을 받은 학생들의 이름을 모두 부르며 실시간 수업을 시작한다. 이어서 이렇게 말한다. "자, 여러분이 헷갈려하는 부분이 하나 있었어요. 잘못 이해한 이유를 설명해 줄게요. 여러분이 질문의 한쪽 측면은 잘 파악했지만 다른 등장인물의 관점을 제대로 이해하지 못했어요."

▶ 비디오 클립 벤 에서, "오해"

https://www.wiley.com/go/newnormal

이는 사후 평가의 예이다. 학생들은 전날 수업이 끝날 즈음 질문의 답을 작성했고 벤 교사는 수업이 끝난 후 답안들을 검토하고서 학생들의 이해도에 차이가 있다는 점을 파악했다. 이를 바탕으로 자신이 발견한 학생들의 실수를 언급하고 이것이 틀렸다는 점을 명확히 인지시킨다.

이어서 학생들이 헷갈리는 부분을 해결하기 위해 구성한 질문을 다시 읽어준다. 벤 교사는 이렇게 말한다. "답을 채팅창에 쓰지 마세요. 여러분은 오늘 과제에 나온 질문에 답을 하면서 어제 한 마무리 과제를 수정하세요. 답을 작성할 시간을 2분 줄게요."

그는 전날 과제의 사후 평가에 덧붙여 당일 수업에서 실시간 평가를 하여 학생들이 수업 목표를 달성하게 만든다. 또한 학생의 생각을 가치 있게 여기고 학습에 대한 이해를 최우선으로 하는 문화를 지속적으로 구축한다.

이는 여러 평가의 시너지 효과를 보여주는 몇 가지 예일 뿐이다. 교사가 무엇을 어떤 식으로 활용할지 선택하는 것은 현재의 수업 목표와 학생들의 필요에 따라 달라진다.

**TLAC가 선호하는,
온라인 수업의 이해도 확인을 위한 두 가지 기술**

• **무작위 호명**: 자발적으로 손을 들지 않은 학생을 호명하는 것은 항상 우리가 선호해 온 기술이다. 교사는 무작위 호명을 이용하여 단순히 지원자뿐만 아니라 모두의 생각이 중요하다는 메시지를 보낼 수 있다.

무작위 호명은 실시간 평가의 한 형태이기도 하다. 이는 한 학생의 이해도를 확인하여 많은 학생들이 잘못 아는 부분을 가늠할 수 있는 기회이다. 교사는 어떤 학생의 답안을 이미 아는 상태에서 그 학생을 호명할 수도 있고, 계획에 없었는데 학생들의 수준을 짐작하기 위해 이를 이용할 수도 있다.

무작위 호명이 이해도를 확인하는 효과적인 수단이 되려면 실수하는 것과 친구들과 함께 실수를 통해 배우는 것을 학생들이 편안하게 생각하도록 해야 한다.

• **모두에게 보여주기**: 무작위 호명의 한 유형으로 교사가 학생이 필기한 답이나 과제를 학급 친구들에게 보여주는 것이다. 이것은 여러 형태의 평가와 함께 활용될 수 있는 유연한 기술이다. 교사는 사후 평가를 한 이후 이 방법을 활용하여 학생들이 제출했던 과제에서 부족한 부분을 메우거나 잘못 이해한 부분을 해결하게 한다.

비실시간 수업에서 모두에게 보여주기는 암묵적 평가를 하는 기회가 될 수 있다. 학생들이 자신의 답안과 친구의 본보기 답안 사이의 차이점을 인지하기 때문이다. 실시간 수업에서 교사는 학생들이 과제를 곧바로 하는 경우 실시간 평가를 하기로 선택할 수 있다. 그리하여 학생들이 본보기 답안의 일부 내용을 적용해 자신의 답안을 수정하게 할 수 있다.

우리는 학생들의 이해도를 확인하기 위해 평가 방식을 이용할 때 어떤 경우에도 변치 않는 규칙은 거의 없다는 점을 깨달았다. 교사가 계획하고 준비하는 과정이 훨씬 더 중요하다. 학생들이 학습에 숙달하도록 이끌어줄, 가치 있는 다양한 길은 항상 있을 것이다.

따라서 교사는 수업을 바탕으로 학생들이 잘못 이해할 것 같은 부분을 예상하고, 학생들이 얼마나 아는지 판단해야 한다. 현재 시점에서 가장 중요한 것은 이것이다.

결정적으로 이해도 확인은 교실에서 관계를 구축하는 데 중요한 요소이다. 교사는 이해도 확인을 통해 학생에게 '너의 성취와 너의 생각은 중요해. 선생님은 너를 믿는다'는 뜻을 전달할 수 있다.

온라인 수업 환경에서 이 메시지의 중요성은 더 커진다. 교실의 따스하고 진정한 소통이 사라진 상황에서 교사가 학생들의 이해도를 확인할 때 화면의 장벽을 넘어서 학생들에게 보여줄 수 있다. 교사가 학생들을 지켜보고 있으며 여전히 학생들의 생각, 성취, 학습을 소중하게 여긴다는 사실을 말이다.

교사에게 평가 과정은 자료를 수집하여 학생의 이해도를 파악하는 방식이고, 학생에게 평가 과정은 이해를 확실히 하여 자기 평가 기술을 발전시키는 방식이다. 평가 과정은 공동의 책임 문화를 만드는 데 도움이 된다.

- **암묵적 평가:** 학생들이 모범 답안에 견주어 자신의 답안을 확인하는 것을 말한다. 암묵적 평가는 학생들의 자기 인식과 학습에 대한 책임감을 키우는 데 도움이 되지만 상당한 신뢰가 기반이 되어야 한다. 학생들은 과제를 하지 않을 수도 있고 학습 내용을 제대로 알지 못하는 상태에서 과제를 할 수도 있다.
- **사후 평가:** 교사가 학생들에게 과제를 완수하여 제출하라고 요청한 후 나중에 평가하는 것을 말한다. 좀더 양이 많은 과제를 기반으로 학생들의 이해도를 확인할 수 있고 수업의 속도 내기에도 도움이 된다. 하지만 현재 학생들이 잘못 이해한 부분을 놓칠 가능성도 있다.
- **실시간 평가:** 교실 수업을 가장 비슷하게 반영하는 방식이다. 학생들의 집중, 참여, 과제 완수에 도움이 되지만 수업 속도를 더디게 할 가능성이 있다. 수업 진행에 난항을 겪거나 기술적 문제가 생길 수도 있다.
- **계획과 실행을 위한 시사점:** 평가의 세 가지 형태를 가장 큰 시너지 효과를 내며 활용하려면 계획이 아주 중요하다. 교사의 계획은 현재의 학습 목표와 학생의 필요에 달려있다.

6장

온라인 교실의
절차와 규칙에 익숙해지기

Teaching in the Online Classroom

교실에서 절차와 루틴은 학생들이 주의를 기울이고 집중하게 만드는 중요한 요소이다. 익숙한 일을 하는 적절한 방법이 있으면 학습의 맥락을 유지하면서 한 활동에서 다른 활동으로 순조롭게 넘어갈 수 있다. 이런 상태에서 학생들은 계속 참여하게 된다.

그런데 온라인 수업을 하는 상황에서 일관되고 익숙한 절차의 힘은 배가된다. 학교와 일상 공간의 구분이 예전보다 모호해졌다. 어쩌면 학생들은 식탁에 앉거나 소파에 웅크린 채 혹은 방바닥에 누운 채 수업에 참여할지도 모르는 상황이 되었으니 말이다.

예측 가능한 일정, 필요한 준비물에 대한 정확한 설명, 학생들이 참여할 수 있는 익숙하고 명확한 방법은 학부모들에게도 유익하다. 이것들이 마련되었을 때 학부모들이 시간과 집중이 필요한 일(다른 가족을 돌보는 일이나 재택근무 등)을 처리하면서 자녀들이 학습을 잘하도록 좀더 수월하게 도울 수 있기 때문이다.

명확한 절차가 익숙해지면 학생들은 "자신의 생각을 채팅창에 남기세요. 시작!" 같은 간단한 신호만으로도 행동을 한다. 이는 명확한 절차의 이점이다. 이렇게 되면 학습의 연속성과 생각의 흐름이 이어진다. 수업은 목표에 따라 활기차게 진행된다. 이는 모두에게 유익한 수업이다.

이런 이유로 우리는 버지니아 스태너즈빌에 있는 윌리엄 먼로 고등학교의 스페인어 교사 니키 에르난데스(Knikki Hernandez)의 수업 영상을 좋아한다. 니키 교사가 확립한 명확한 절차는 수업을 원활하게 진행하는 데 도움이 된다. 학생들이 준비를 마치고 주의를 기울이며 적극적으로 참여하는 것을 보자.

▶ **비디오 클립 니키 에르난데스 "노트"**
https://www.wiley.com/go/newnormal

니키 교사는 준비물을 명시한 화면으로 수업을 시작하며 오늘 학습을 성공적으로 진행하려면 무엇이 필요한지 설명한다. 모든 학생이 적절한 준비물과 기대치를 갖고 있는지 잠시 확인하면 모두 배울 준비가 된다. 그녀가 준비물을 알리는 화면을 올리자 한 학생이 자리에서 벌떡 일어나 연필을 가져온다. 이 학생은 수업 시간에 글쓰기를 한다는 점을 알지 못했던 모양이다.

명확한 절차는 일단 수업이 시작되면 확연히 드러난다. 니키 교사는 곧바로 무작위 호명을 한다.

온라인 수업에서 무작위 호명은 효과적이며 중요하다. 학생들은 클릭 한 번이면 쉽게 주의가 산만해질 수 있다. 또 자발적인 발표를 꺼린다. 교사는 화면 아래의 작은 카메라 구멍을 통해 소통하려고 애를 쓴다.

이런 현실에서 주기적으로 무작위로 호명해 학생들이 발표하도록 참여시키면 학생들은 수업에 집중한다. 적극적으로 참여할 뿐만 아니라 선생님이 자신을 관찰하고 있으며 스스로 중요한 존재라고 느낀다.

니키 교사는 영상에서 무작위 호명을 각기 다른 방식으로 세 번 한다. 우선 학생들이 적극적으로 나서길 바라는 기대감을 드러내기 위해 무작위 호명을 이용한다.

"애비, 'Que necesito para la clase hoy?(스페인어로 '오늘 수업에 무엇이 필요한가요?'라는 뜻이다-옮긴이)' 이 질문이 무슨 뜻인지 말해 보세요"라고 한 학생에게 묻는다.

수업이 시작되자마자 무작위 호명을 하여 이러한 호명이 일반적인 방식이라는 신호를 보낸다. 니키 교사는 학생들이 말할 준비가 되어 있어야 하고 적극적으로 참여해야 한다는 점을 이렇게 알려준다.

실제로 영상에서 무작위로 호명된 여학생은 미소를 짓고 있다. 아마 이 여학생은 선생님이 자신을 보고 있으며 스스로 중요한 존재라고 느꼈을 것이다. 무작위로 호명되어도 전혀 당황하지 않는다. 아마 '수업에 임할 준비를 해. 넌 스페인어 수업의 적극적인 학습자가 될 거야'라는 메시지로 재빨리 받아들였을 것이다.

뒤이어 니키 교사는 개별 과제를 시작하기 전 이 과제에 대한 학생들의 이해도를 확인하기 위해 무작위 호명을 이용한다. 한 학생에게 이렇게 질문한다. "이어서 3분 11초 동안 우리가 무엇을 하죠? 우리가 내릴 단어의 정의를 어디에다 써야 하나요?"

해야 할 과제를 모르고 흘려보내는 3분 11초는 긴 시간이다. 그녀는 자발적인 대답을 기다린다면 잘 모르는 학생들은 나서지 않을 거라는 점을 알고 있다. 그래서 이 방식으로 학생들이 과제를 이해하고 있는지 좀더 제대로 파악한다.

학생들은 이제 방향을 분명히 이해한 상태로 곧바로 과제를 시작한다. 니키 교사는 각자 과제를 할 3분의 시간을 준다. 무작위 호명이 몇 번 지나간 시점이기 때문에 학생들은 잠시 후 선생님이 누구든 호명하여 발표를 시킬 거라고 예상할 것이다.

따라서 열심히 해야 한다는 동기부여가 된다. 니키 교사는 학생들의 예상대로 친절하면서도 열정적으로 무작위 호명을 한다. 타이머가 종료된 후 그녀는 스페인어로 시작한다. "자, 단어를 계속 해봅시다. 라켈부터 시작할게요. '환자'를 어떻게 정의했나요?"

우리는 이를 무작위 호명을 이용하여 개별 과제를 하도록 '장려한다'고 일컫는다. 무작위 호명이 예상될 때 학생들은 과제를 완수한다. 교사는 무작위 호명으로 학생들의 답안을 좀더 빨리 검토할 수 있다. 또 자발적으로 손을 드는 학생만이 아니라 모든 학생의 이해도 수준을 평가할 수 있다. 니키 교사는 효과적인 장려책이 있는 상태에서 간단하고 기술이 필요 없으며 학생들에게 익숙한 활동을 활용한다. 이 방식이 생산적인 활동일 것이라고 확신할 수 있다.

무작위 호명은 간단한 절차이지만 수업 문화에 큰 영향을 끼친다.

공평하게 참여할 수 있도록
절차를 만들어라

○ 이른바 참여 방식은 수업에서 절차가 명확하고, 학생들이 절차를 어떻게 언제 활용하는지 알 때 학생들이 참여할 수 있는 모든 방법을 말한다. 실제 교실에서의 참여 방식은 일반적으로 돌아가며 말하기, 모두 글쓰기, 무작위 호명, 자발적 발표로 이루어진다. 온라인 수업에서도 그 본질은 같지만 방식 자체가 약간 다르다. 실시간 수업에서 중요한 참여 방식은 다음과 같다.

- 소회의실 토론
- 무작위 호명
- 자발적 발표
- 채팅
- 모두 글쓰기

이러한 방식에서 중요한 점은 일관된 절차이다. 소그룹 토론을 예로 들어보자. 많은 학생들이 전체 그룹과 토론을 하기 전에 부담이 적은 소그룹에서 토론을 하면 친구의 의견을 들으며 자신의 생각을 다듬거나 보완할 수 있다.

이러한 점에서 소그룹 모임은 꽤 생산적이다. 하지만 온라인 수업에서는 상당한 문제에 맞닥뜨릴 수 있다. 실제 교실에서 교사는 소그룹 토론 모임이나 돌아가며 말하기를 비교적 쉽게 관리할 수 있다. 학생들 사이의 대화를 의미 있는 시간으로 만들고 모두 참여하게 할 수 있다. 일부 학생이 대화를 독차지하지 못하게도 할 수 있다.

하지만 온라인 수업에서 교사는 줌의 모든 소회의실을 들여다보고 참여도를 판단하기 어렵다. 온라인 수업에서 활용할 수 있는 참여 방식을 소개한다.

- **소회의실 토론:** 우리는 과하다 싶을 만큼 작은 규모의(두 명이나 세 명) 대화방을 좋아한다. 그룹 규모를 살짝 다양하게 하는 것이 유익하기 때문이다. 그룹 규모가 두 명을 넘어설 경우 이따금 우리는 모든 참여자가 말할 수 있도록 기본 규칙을 정한다. 가령 '이름 첫 자가 알파벳 순서에서 맨 앞에 오는 사람이 먼저 대화를 시작한다' 같은 규칙이다.

  "이 방에 다시 돌아왔을 때 선생님이 몇 명을 선택해서 생각을 공유하게 할 거예요"라고 무작위 호명을 상기시키면 좋다. "이 방에 다시 돌아오면 선생님이 질리언과 리제트에게 먼저 시작하라고 할 거예요"라며 미리 호명을 해 두는 것도 도움이 된다.

  교사는 소회의실을 이용하기 위한 명확한 절차를 설명해야 한다. 그래야 학생들이 어떻게 해야 하는지 알 수 있다. "소회의실에 들어가면 재빨리 서로 인사하고 곧바로 서로의 생각을 물어봐야 합니다. 그래야 빠른 시간 내에 그 질문에 대한 대화를 시작할 수 있어요."

  이번에는 수학 공식이나 스페인어 어휘에 대해 서로 퀴즈를 내는 활동처럼 토론보다 복잡한 활동을 한다고 해보자. 이때 교사는 소회의실에서 이 활동을 어떤 식으로 해야 하는지 다른 교사가 본보기를 보여주는 짧은 영상을 학생들에게 보여줄 수 있다.

다음 장에 소회의실을 활용할 수 있는 좀더 기술적인 방법을 몇 가지 제시하였다.

• **무작위 호명:** 학생들에게 무작위 호명을 할 거라는 사실과 그 이유를 설명해야 한다. "자기 생각을 공유할 준비가 안 된 경우도 있겠지만 선생님으로선 여러분 모두의 생각을 듣는 게 중요해요."

따뜻하고 포용적인 말투를 쓰는 것이 좋다. 상대방의 생각을 묻는 것은 건설적인 일이다.

우리는 '팀 호명' 혹은 '그룹 호명'도 좋아한다. 가령 이런 식이다. "자, 클로에와 로드리고는 같은 팀이었죠. 두 사람이 생각해 낸 해결안을 둘 중 한 사람이 말해 볼래요?"

• **자발적 발표:** 손을 든 사람을 호명하거나 말하고 싶어 하는 사람을 위해 '자유로운 발표'를 허용해 줄 수 있다. 학생들이 직접 손을 들 때의 이점은 대기 시간이 좀더 생기며 교사가 학생들에게 기회를 좀더 폭넓게 분산할 수 있다는 점이다.

이때 교사는 학생이 실제로 손을 들어야 하는지 플랫폼의 손들기 기능을 사용해야 하는지 조건을 명확하게 말해야 한다. 모든 학생이 화면에 다 보이는 것은 아니기 때문에 손을 든 학생을 놓치기 쉽다. 하지만 손들기 기능을 사용한 학생을 확인하기 위해 화면과 그 옆의 참여자 목록을 번갈아가며 보는 것도 쉽지 않은 일이다.

이따금 학생들이 화면을 보고 교실에서처럼 손을 들도록 해보자. 이렇게 하면 학생들은 화면 사이를 덜 왔다 갔다 하게 된다. 또 교사는 학생들이 손을 든 모습으로 학생들의 감정을 약간 읽을 수 있다.

이때 교사는 수업 중에 화면으로 보이는 학생들을 돌아가면서 선택해야 한다. 그래야 호명되는 학생들이 골고루 생긴다. 그런데 무작위 호명을 하면 자유로운 발표로 더 쉽게 넘어갈 수 있다. 이러한 참여가 더 열정적이고 공평하다.

• **채팅:** 채팅은 우리가 좋아하는 기능이다. 우리는 교사들이 학생들에게 조형적 사고를 연습시키기 위해 이 기능을 사용하는 것을 자주 목격한다. "이 장의 분위기를 짧게 묘사하여 채팅창에 올리세요." 교사가 이렇게 요청하면 학생들은 답안을 작성한다. 학생들은 채팅 기능으로 다른 학생들의 생각도 들여다볼 수 있다.

교사는 학생들이 쓴 내용을 바탕으로 학생들의 수준에 맞게 수업을 조정할 수 있다. 교사의 다음 질문은 "케빈, 침울하다고 쓴 이유를 좀더 말해 볼래요?"라든가 "케시아, 친구들 답안 중에 놀랍다고 생각되는 답안이 있어요?"가 될 수 있다.

교사는 학생들에게 답안을 모두가 아닌 선생님만 볼 수 있게 작성하라고 할 수 있다. 이렇게 하고서 시사점이 많은 답안을 몇 개 공유하며 이 답안들을 인정해 줄 수 있다. "자, 여러분이 보낸 답안 중 아주 흥미로운 생각이 담긴 두 개의 답안을 소개해 줄게요."

• **모두 글쓰기**(이따금 구글 문서도구나 이와 유사한 문서도구를 이용): 모두 글쓰기는 학생들이 글을 쓰는 참여 방식을 말한다. 흔히 학생들

에게 글을 쓰며 생각을 하도록 권장한다. 이는 아직 형성되지 않았거나 정확하지 않은 생각을 점차 발전시키는 연습을 시키기 위해서이다. 예를 들어 우리는 학생들에게 정식으로 글을 쓰라고 하기 전에 종이와 연필로 '멈추고 기록하기' 활동을 시키는 것을 좋아한다. 기록하기는 학생들에게 익숙하게 느껴지는 활동이며 부담이 적다. 이 기록은 다른 사람들이 보는 것이 아닌 자신만을 위한 것이라는 점에서 그렇다.

우리는 이러한 기록이 채팅창에 글쓰기나 질문에 답하는 활동과도 잘 연결된다는 점을 발견했다. 우선 학생들이 각자의 노트에 멈추고 기록하기를 하면 교사는 "자, 자신이 한 여러 생각 가운데 하나를 채팅창에 공유해 보세요"라든가 "앤드류, 무얼 썼는지 말해 보세요"라고 청할 수 있다.

학생들이 글을 통해 다른 친구의 생각을 들여다보고 거기에 반응하게 하여 집단으로 생각을 발전시키는 것은 모두 글쓰기 활동의 중요한 부분이다. 이는 학생들이 교사와 친구들과 동떨어져 있는 온라인 수업에서 특히 중요하다.

또한 공유된 구글 문서도구를 함께 사용하는 것은 학생들이 온라인 환경에서 중요한 기술을 연습하는 데 도움이 된다. 여기에서는 이 부분을 짧게 다루지만 7장에서 유용한 기술 도구를 자세히 다루려고 한다.

이러한 기본적인 참여 방식 외에 변형된 방식도 있다. 그 예는 벤 에서 교사의 수업 영상에 나와 있다.

벤 교사는 두 가지 절차를 분명하게 하기를 원한다. 바로 '스피드 질문' 과 '기다리는 질문'이다. 벤 교사는 이 두 가지가 무엇인지 학생들에게 설명한다.

"선생님이 스피드 질문이라고 말하면 여러분의 목표는 가장 먼저 대답하는 거예요. 선생님이 기다리는 질문이라고 말하면 여러분은 기다렸다가 선생님이 시작이라고 말하면 엔터를 누르세요."

▶ 비디오 클립 벤 에서 **"기다리는 질문"**

https://www.wiley.com/go/newnormal

벤 교사는 이따금 학생들이 생각이 떠오르자마자 그것을 말하도록 한다. 중간에 끊기는 일 없이 수업이 진행되고 적극적이고 역동적인 느낌이 유지되도록 말이다. 어떤 때에는 학생들이 친구들의 생각에 영향을 받지 않거나 빨리 대답해야 한다는 부담감을 느끼지 않고 시간을 들여 생각하도록 한다.

나중에 벤 교사는 '구두 대답(Verbal Answers)'을 도입한다. 이는 학생들이 줌 수업에서 대답하겠다고 손을 들었을 때 호명되면 구두로 답을 말하는 절차를 말한다. 그는 학생들이 두 가지 유형의 질문에 답하는 방법에 대해 구체적이고 개별적인 절차를 확립했다. 이로써 학생의 참여를 유도하고 수업의 속도를 조절하고 학생들의 학습 상태에 맞추어 질문하는 일을 수월하게 할 수 있게 되었다.

우리는 영상에서 벤 교사가 사전 준비를 했다는 점도 엿볼 수 있었다. 그는 질문을 미리 계획하여 학생들이 볼 수 있게 파워포인트 슬라이드에 게시했다. 각 질문에는 '기다리는 질문' '스피드 질문' '구두 대답'이라는 라벨을 달았다. 이렇게 하면 학생들이 각 질문에 맞게 대답하는 일이 더 수월해진다.

벤 교사는 학생들이 각 유형의 질문에 적절하게 대답하는 습관을 들이기를 바란다. 이렇게 라벨 표시를 했음에도 각 질문을 하기 전 학생들에게 그것이 어떤 유형의 질문인지 알려준다. 시각적 신호와 함께 말로도 상기시켜 주는 방식은 학생들이 모호함이나 혼동을 피하는 데 도움이 된다. 이렇게 중요한 학습 체계에 신경을 많이 쓰기 때문에 학생들은 그가 바라는 대로 이를 충실히 따르면서 각 유형의 질문에 대답한다.

그는 교사들이 참여 방식을 명확하게 설명하지 못할 때 생기는 문제를 피하는 데 성공한다. 가령 무응답이나 불공평한 발언권 문제를 들 수 있다.

무응답은 어떤 질문에 아무도 대답하기 싫어하는 경우 일어난다. 이때 무작위 호명을 하면 이 문제가 해결되는 동시에 참여도 잘 이루어진다. 우리는 워크숍을 하면서 몇 번의 무작위 호명을 하면 참여자들의 주저하는 태도가 약화되는 것을 확인했다. 한때 말이 없던 사람들 속에서 자발적으로 발표하는 사람들이 늘어나는 현상도 자주 목격했다.

글쓰기도 무응답이라는 문제를 해결할 수 있다. 사람들은 특히 다른 사람들이 글쓰기를 할 때 자신도 생각을 글로 표현하는 것이 훨씬 안전하다고 생각한다.

한편 참여를 위한 명확한 절차는 공평한 발언권을 확립하는 데도 도움이 된다. 공평한 발언권은 말이 빠르고 많으며 목소리가 큰 사람만이 아닌 모든 사람이 의견을 말할 수 있는 권리이다. 소수의 학생들이 항상 먼저 나서서 토론을 독점한다면 일부 학생들(일반적으로 학업에 가장 취약한 학생들)은 중요한 학습 기회를 놓칠 수 있다.

벤 교사는 기다리는 질문에 어떻게 대답해야 하는지 설명할 때 공평한 발언권이라는 개념을 강조한다. "여기에 담긴 개념은 모든 사람에게 생각하고 글을 쓸 기회를 주는 거예요. 댓글을 남긴 후 친구들의 댓글을 읽으세요."

자기 나름의 절차를 마련한 벤 교사는 학생들의 자발적 참여와 무작위 호명 가운데 선택할 수 있다. 혹은 질문을 한 후 잠시의 대기 시간을 허용할 수 있다. 그는 모든 학생에게 채팅창에 답을 올리라고 한 후 그 가운데 가장 유익한 답을 선택하여 질문을 한다. "다마리, 왜 분위기가 긴장감이 흐른다고 했어요?"

"댓글을 남긴 후 친구들의 댓글을 읽으세요"라는 말도 중요하다. 이 말은 서로 존중하고 신경 쓰면서 반응하는 습관을 구체적이고 명확하게 나타낸다. 우리는 이를 '토론 습관'이라 부른다. 학생들은 질문 주제에 답안을 어떻게 작성해야 하는지 이해할 뿐만 아니라 친구들과 서로 어떻게 상호작용해야 하는지에 대한 지침도 듣는다.

독립된 학습 공간을 준비하게 하라

° 온라인 수업에서 누구에게는 부엌이 누구에게는 소파가 교실이다. 누구에게 교실은 아파트 밖의 복도가 될 수도 있다. 지금 학생들은 이러한 공간에서 학습을 한다. 때로는 어쩔 수 없는 상황 때문에, 때

로는 별 생각 없이 본인이 선택해서 그렇게 한다.

학습 기기와 함께 덩그러니 남겨진 대다수의 13세 학생들은 글을 쓰기에 부적절한 자리인 침대 발치에 걸터앉아 수업을 들으려고 할 것이다. 학습 공간이 어떤 곳인지, 학생이 어디에 앉아 있는지와 같은 요소들은 집중력과 참여도에 영향을 끼친다.

학생들에게 온라인 수업을 위한 공간을 준비하는 방법을 가르치는 일은 핵심 체계이자 루틴이다. 이는 장기적으로 유익한 일이기도 하다.

킵 세인트 루이스 고등학교의 매튜 다이아몬드(Mattew Diamond) 교사가 비실시간으로 진행되는 지리학 수업 첫날 이것을 가르치는 부분을 살펴보자. 매튜 교사는 학습할 자리를 준비하는 방법을 가르치기 위해 수업을 시작할 때 자신의 공간을 찍은 사진을 보여준다.

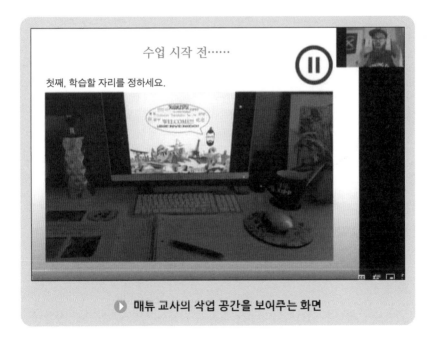

▶ 매튜 교사의 작업 공간을 보여주는 화면

매튜 교사는 이 방법을 내레이션으로 빠르게 알려준다. 우선 집중할 수 있는 조용한 공간을 선택하라고 말한다. 이어서 노트북과 필기도구가 필요하다고 말한 후 주의가 산만해지는 것을 최소화하기 위해 주변을 깨끗이 치우라고 한다.

그리고 자신의 공간을 보여주는데 학생들 특히 고등학생들은 이런 식의 근거 제시를 좋아한다. 여기에는 단순히 "이게 바로 너희가 해야 할 일이야"라는 말뿐만 아니라 "내가 너희에게 요구하는 것이 너희가 좋은 성과를 내는 데 왜 도움이 되는지 알겠지"라는 말도 담겨 있다.

학생들에게 학습 공간을 준비하는 방법을 알려주기 위해 자신의 작업 공간을 보여준 방식에는 화면 장벽 해체라는 또다른 이점도 있다. 우리 모두 집에서 공부나 일을 하고 있으며 이게 바로 자신의 모습이라는 공감대를 형성하는 것이다.

일관된 순서와 방법으로 수업을 시작하라

○ 수업이 시작될 때 학생들의 편안함과 자신감을 높이는 중요한 방법은 일관된 시작 루틴에 있다. 교사는 정확히 어떤 준비물을 준비해야 하고, 어떤 식으로 참여해야 하고, 수업은 어떻게 진행될지 알려주어야 한다. 그래야 학생들이 출석 준비뿐만 아니라 학습 준비를 마치게 할 수 있다.

여기서 핵심은 일관성이다. 학교생활의 리듬이 상당 부분 깨진 상황에서 수업 시작에 일관성이 있을 때 익숙함과 명확성이 보장된다. 이에 따라 학생들은 해야 할 일을 처음부터 알게 되어 자신감이 어느 정도 형성된다.

▶ 비디오 클립 알론조 홀, 린다 프레이저, "준비해 봅시다"
https://www.wiley.com/go/newnormal

알론조와 린다 교사가 비실시간 수업으로 전환했을 때 가장 중요하게 생각한 요소는 일관성과 예측 가능성이었다. 학생들은 몇 개월 동안 교실에서 이 교사들과 수학을 공부했지만 비실시간 수업은 익숙하지 않은 학습 환경이었다. 그들은 첫 수업을 시작할 때 핵심 절차를 소개하는 데 시간을 할애했다.

알론조와 린다 교사 모두 수업을 시작할 때 따뜻하고 침착하게 행동한다. 두 교사 모두 준비를 재촉하여 학생들이 혼란이나 불확실성을 느끼게 하지 않는다. 그들은 시간을 들여 절차를 분명하게 설명한다.

그리고 학생들에게 준비가 되었는지 확인하기 위한 시간이 필요할 때 일시 중지 버튼을 누르라고 권한다. "준비 시간이 필요할 경우 일시 중지 버튼을 누르세요. 이건 중요한 거예요. 지금 시간을 잠시 내어 그렇게 하세요."

두 교사 모두 핵심 절차를 말로도, 시각적으로도 분명하게 알려주는 데 공을 들인다. 학생들이 이 절차를 잘 볼 수 있게 화면에 노란색으로 강조해 놓았다. 알론조 교사는 이 점을 명확하게 알려준다. "화면에 노란색 강조 표시가 나올 때마다 여러분은 일시 중지 버튼을 누르고 해당 내용을 필기해야 합니다."

린다 교사는 학생들에게 "일시 중지 버튼을 누르고 선생님이 올려놓은 것처럼 작성하세요"라고 말하며 자신이 게시한 시각 자료의 중요성을 알려준다.

고유한 문화를 지닌 학교의 특징 가운데 하나는 각 반에서 교사가 학생들에게 기대하는 부분에 일관성이 있다는 점이다. 공유된 절차는 학생들과 교사들이 더 나은 성과를 내는 데 도움이 된다. 절차가 익숙하고 일관될수록 학생들은 더 수월하게 그에 익숙해지며 결과적으로 더 나은 성과를 낸다.

교사 역시 공유된 절차와 루틴이 있을 때 모든 것을 스스로 만들어내지 않아도 되고, 자신의 콘텐츠를 온라인 체계에 맞게 조율하는 데 시간과 에너지를 쏟을 수 있다. 교사와 학생 모두 일관된 방식이 있을 때 '우리는 여전히 학교에 속해 있고 여전히 서로 연결되어 있다'고 느끼게 된다.

온라인 수업에서 수업을 시작하는 순서 혹은 절차는 교사와 학생들 사이에 유대감을 형성하고 강화한다. 수업에 대한 기대감을 일으키는 데도 도움이 된다. 우리는 다양한 수업 시작 순서를 연구한 끝에 수업 시작을 위한 몇 가지 확실하고 효과적인 절차를 찾았다.

- **인사:** 우리는 교사들이 실제 교실에서 학생들에게 따뜻하고 친절하게 인사해 주듯 온라인 수업에서도 화면에 얼굴이 보이게 하여 따뜻한 인사를 하면서 수업을 시작하는 것을 목격했다. 그들은 어디를 학습할 차례인지 알려주고 모든 학생이 여전히 학습 공동체 안에 속해 있다는 점을 느끼게 해준다.

여기서 전달되는 무언의 메시지는 이와 같다. '선생님은 여러분을 봐서 기쁘고, 우리는 함께 의미 있는 일을 할 거예요.'

- **준비물 알림:** 우리가 연구한 많은 수업 영상을 보면 준비물과 학생들이 시작해야 하는 예비 과제에 대한 명확한 지침이 화면에 게시된다. 아만다 몰로니 교사는 좋은 예를 보여준다(다른 교사들의 사례도 책 곳곳에 나와 있다).

밸러랫 클래런던 칼리지 1학년 교사인 아만다는 비실시간 수업에서 화면에 얼굴을 보이며 학생들에게 인사한 후 '준비물'이라는 제목이 붙은 화면을 띄운다. 학생들이 수업에 참여하기 위해 필요한 준비물이 나열된 화면은 간단하고 쉽게 파악이 된다. 그녀는 학생들에게 도움을 더 주기 위해 이 준비물들의 이미지도 추가해 놓았다.

준비물
- 수학 격자 노트
- 회색 심 연필과 빨간색 펜
- 미니 화이트보드
- 화이트보드 마커와 지우개

 준비물 알림 화면

- **시작 과제:** 우리는 수업을 빨리 시작하는 것의 중요성을 몇 번 강조했다. 비실시간 수업이든 실시간 수업이든 학생들을 빨리 참여시켜 학습 콘텐츠에 상호작용하게 만드는 일이 중요하다.

실시간 수업이라면 곧바로 학생들이 서로 상호작용하게 만들어야 한다. 그러니까 '적극적으로 참여할 것을 기대한다'는 메시지가 전달되어야 한다. 몇 분 이상 지체되면 이러한 메시지가 약화된다.

고등학교 1학년을 가르치는 조슈아 험프리 교사의 비실시간 수학 수업의 시작 부분은 이 방법에 대한 본보기이다. 조슈아 교사는 그날의 수업 목표를 짧게 설명한 후(약 25초) 학생들을 곧바로 수업에 끌어들인다. "자, 항상 그랬듯" 조슈아 교사는 이 말을 하고 미소를 짓는다. "맨 먼저 할 일부터 해야지. 모두 바로 완수 과제부터 해보자. 그래서 이 영상이 잠시 멈출 거야. 너희는 1번, 2번, 3번에 답을 달면 돼. 선생님이 영상을 지금 바로 멈춘다."

그는 따스하고 부드러운 말투로 화면의 장벽을 해체한다. 군더더기 없이 간결한 언어를 사용하여 학생들이 해야 할 일을 명확하게 알려준다. 학생들은 수업 시작 1분 안에 학습에 적극적으로 참여한다.

실시간 수업에서도 마찬가지이다. 니키 에르난데스 교사가 수업을 얼마나 신속하게 시작했는지 기억할 것이다. 어떤 온라인 수업 환경에서도 학생들이 곧바로 적극적인 참여를 하는 것이 중요하다. 시간을 끌수록 시작하기가 더 어려워지고 학생들은 더 소극적으로 참여한다.

해야 할 일을
명확히 제시하라

○ 온라인 수업의 성공은 지침을 따르고 활동을 완수하는 학생의 능력에 상당 부분 달려있다. 학생들은 선생님과 멀리 떨어져 있다. 이는 학생들이 활동을 완수했는지 분별하기가 어렵거나(실시간 수업) 불가능할 때가(비실시간 수업) 흔하다는 것을 의미한다.

명확하고 간결한 지침, 이른바 '해야 할 일'을 제시하는 것은 학생이 활동을 완수하느냐 못하느냐의 차이를 만드는 요인이며 성공적인 학습을 위한 기본이다.

린다 프레이저와 알론조 홀 교사가 수업 시작 순서의 일부로 해야 할 일을 언급하는 것에 주목해 보자. 두 교사는 말로도, 시각적으로도 지침을 제공하고 학생들이 이를 알아볼 수 있게 노란색으로 강조해 놓았다.

그들은 불필요하게 길거나 모호한 지침을 제시하는 잘못은 피한다. "오늘 수업 준비하세요" 같은 지침은 학생들이 준비하는 데 필요한 것을 명확하게 전달하지 못한다. 좀더 효과적인 지침은 이런 식이다.

"오늘의 수업을 위해 소설책, 독서록, 연필을 준비하세요. 지금 수업 영상을 60초 동안 멈추고 이것을 준비하세요." 교사가 더 명확하고 정확하게 전달할수록 학생들이 더 잘 참여하고 잘 따라온다. 그만큼 학습에 성공할 가능성도 높아진다.

브릭쇼 고등학교 소속 조지 브램리 교사가 헤이스팅스 전투를 다룬 수업에서 보여주는 명확한 지침에 주목해 보자. 그는 학생들에게 이 전투에 대해 필기하도록 유도할 때 이렇게 말한다. "지금 영상을 잠시 멈추고 그 상자에 기입하세요."

필기는 반복되는 학습 과제이기 때문에 조지 교사는 지침을 내릴 때 일관된 언어를 써왔다. "지금 영상을 잠시 멈추세요" "워드 문서에 바로 기입하세요" "그 상자에 기입하세요" 같은 말들은 학생들이 과제를 완수하는 데 도움이 되는 지침이다. 지시하는 말을 표준화하고 단호하게 하면 시간이 흐르면서 말을 오해할 여지가 최소한으로 줄어든다.

우리가 관찰한 수업에서 학생들이 참여 방법을 스스로 판단해야 하는 경우는 없었다. 그것이 아무리 비실시간 수업이어도 말이다. 온라인 수업에서 성공을 거두는 교사들은 학생들의 활동을 지시할 때 쓸 일관된 언어와 문장을 미리 계획한다. 수업의 다른 부분들을 준비할 때처럼 신중하게 계획한다. 이는 학생들이 활동을 완수하고, 과제를 성공적으로 마치며, 학습에 성공하는 습관을 들이는 데 도움이 된다.

교사용
알림 표시를 만들어라

효과적인 참여 절차를 명확하게 설명하고 이를 새로운 온라인 강의 체계로 마련하는 것은 쉽지 않은 일이다. 그런데 이 외에도 난제가 될 만한 것은 있다. 바로 작업 기억을 유지하는 일이다. 작업 기억 용량에 한계가 있다는 점에서 그렇다.

가령 '이 지점에서 모든 학생에게 생각을 한 후 채팅창에 빠르게 글을 남기라고 한다, 몇 번의 무작위 호명을 한다, 소회의실에서 자발적인 참여를 할 기회를 준다, 다시 한 번 빠른 글쓰기를 시킨다' 같은 훌륭한 계획을 세워도 이를 기억하지 못한다면 아무 소용이 없다.

온라인에서 가르칠 때 생각해야 할 것이 너무 많기 때문에 언제 무작위 호명을 하고 언제 채팅창을 이용해야 하는지 잊어버리기 쉽다. 이런 이유로 우리는 교사가 따르는 일관된 절차의 이점들을 공유하고 싶다. 이는 학생이 따르는 절차를 지원하기 위해 할 수 있는 일이다.

우리가 진행했던 워크숍에서 나왔던 한 화면을 예로 살펴보자. 다음 페이지에 나오는 화면의 오른쪽 아래 모서리에 아이콘을 배치한 방법에 주목하길 바란다. 각각의 아이콘은 다양한 참여 유형을 활용해야 한다는 점을 알려준다. 화살표 뒤에 나오는 아이콘 모음은 소회의실에서 참가자들의 생각을 공유하거나 그룹 토론을 시잘할 수 있는 시간을 줄 것을 알리는 표시이다.

가령 참여자들에게 각자 생각을 채팅창에 올리라고 요청한 후 누군가에게 발표를 시키겠다는 계획을 했다면 채팅 아이콘과 무작위 호명 아이콘을 활용할 수 있다.

참여 유형을 결합하는 방법에는 여러 가지가 있다. 그래서 기억해야 할 것이 많아진다. 수많은 수업일과 수업 속에서 이를 결합하는 방법은 너무나 많다. 수업을 진행하는 방법을 기억하는 데 할애되는 뇌 용량을 줄이기 위해 무언가를 할 수 있다면 수업 내용의 질을 크게 향상시킬 수 있다.

이 점을 기억할 때 우리는 수요가 많은 작업 기억의 일부를 확보할 수 있다. "이 시점에서 채팅창을 활용하기로 했나? 무작위 호명을 하기로 했나?"라며 기억을 떠올릴 필요가 없다면 자유롭게 더 많은 일을 더 원활

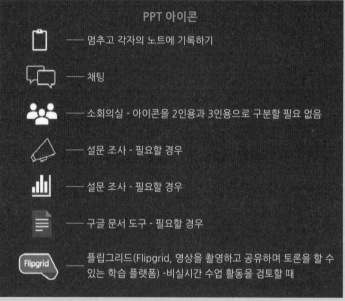

효과적인 참여 절차를 만들 수 있는 아이콘 활용

하게 할 수 있다.

따라서 우리의 아이콘을 그대로 갖다 쓰거나 수정해 쓰거나 새로운 체계를 개발하길 바란다. 어떻게 하든지 '기억을 돕기 위한 표시'를 수업 계획의 일부분으로 만들어야 한다. 우리에 대한 고마움은 나중에 표현해도 된다.

　어떤 수업에서든 절차 즉, 익숙한 일과 활동을 하는 올바른 방법은 큰 힘을 발휘한다. 온라인 수업에서 일부 절차는 특히 중요하다. 이를 활용하는 것은 교사, 학부모, 학생 모두에게 유익하다.

- **참여 방식:** 참여 방식은 수업에서 학생들이 참여할 수 있는 일종의 표준화된 방법이다. 참여 방식을 올바르게 활용하면 수업의 속도를 내고 학생들의 참여도를 유지할 수 있다.
  참여 방식은 다양하다. 그렇기 때문에 교사가 활용하는 방식에 일관성이 있어야 한다.
- **학생의 학습 공간–독립된 공간을 위한 준비:** 학생들에게 온라인 수업을 위한 공간을 준비하는 방법을 가르치는 일은 핵심 체계이자 루틴이다. 이는 장기적으로 유익한 일이기도 하다. 학생들이 부엌이나 침실 등에서 수업을 들을 경우 교사가 시간을 내어 이를 올바로 알려주는 일은 특히 중요하다.
- **시작 순서:** 학교생활의 리듬이 상당 부분 깨진 상황에서 일관성 있는 시작은 좋은 결과를 내는 데 필요하다. 첫 몇 분 안에 따뜻한 어조로 일관성 있게 시작하는 것이 좋다.
- **해야 할 일–교사의 지침은 수업 체계의 일부:** 학생들은 지침을 오해하면 수업을 끝까지 제대로 따라갈 수 없다. 특히 온라인 수업에서는 가능한 한 지침을 명확하게 하여 모호함의 여지를 최대한 남기지 않는 것이 중요하다.

- **교사가 따르는 절차:** 인지 부하(cognitive load)는 교사나 학생에게나 제한된 자원이다. 자신에게 이로운 체계를 구축하는 식으로 인지 부하에 대한 부담을 줄이기 위한 노력을 해야 한다. 이러한 부담이 줄어들면 더 효과적으로 가르칠 수 있다.

7장

기본 도구로 온라인 수업의
질을 향상시키기

Teaching in the Online Classroom

지금까지 학생들과 돈독한 관계를 형성하고 원격 학습의 질을 향상시키기 위한 방식을 살펴보았다. 하지만 소회의실에서 대화하고 채팅 기능으로 응답하는 방식에 대해 듣고서 이런 질문을 하는 교사들이 많을 것이다.

"아주 괜찮은 방법 같긴 한데 제가 정확히 어떻게 해야 하는 건가요?" 물론 이러한 기술에 능숙한 교사들도 많지만 연필과 노트처럼 좀더 익숙한 도구를 훨씬 편안하게 느끼는 교사들도 있다. 우리 역시 이런 현상을 실제로 경험했다.

최근까지 우리 팀원 중 일부는 원격 교육 기술에 대해 거의 알지 못했다. 그동안 우리가 교육한 많은 교사들이 줌, 구글 미트, 구글 문서 도구 등 최근에야 알게 된 기술을 직접 사용하는 데 불안함을 느꼈다.

우리는 교사들이 실제 교실에서 하던 수업을 온라인 교실에 맞게 조정하는 일을 가능한 한 수월하고 원활하게 만들어주고 싶다. 새로운 기술을 배우는 것은 필요한 일이다.

하지만 새로운 플랫폼을 어떻게 사용해야 하는지, 홈 화면으로 어떻게 돌아가고 음소거 해제 아이콘을 어떻게 찾아야 하는지 걱정할 필요가 없는 순간이 학생들과 학생들의 교육에 진정으로 주의를 기울일 수 있는 순간이라고 생각한다.

단순성은 우리의 핵심 원칙이다. 이 장에서 우리의 목표는 수업을 좀 더 수월하게 만드는 해결책을 제시하는 것이다. 이는 교사의 작업 기억에 생기는 인지 부하(cognitive load)를 줄여주는 방안이기도 하다. 온라인 수업에 나타나는 흔한 문제에 대해 간단한 해결책을 내릴 것이다. 그리고 교사와 학생 모두 최선을 다하는 데 도움이 될 몇 가지 핵심 사항들을 강조하려고 한다.

우선 이 장에서 소개하는 기술적 지침은 기본적으로 줌을 실행하는 방법에 대한 것이라는 점을 염두에 두어야 한다. 그렇지만 모든 기본적인 특성들은(채팅, 화면 공유, 설문 조사, 소회의실) 대부분의 주요 플랫폼에 공통적으로 있다. 따라서 이 장에 제시된 조언과 방식은 학교에서 어떤 플랫폼을 선택했는지와 상관없이 적용될 수 있다.

줌이나 구글 미트 같은 플랫폼의 지원 센터는 우리가 여기에서 논하는 도구들과 그 외 도구들의 사용 지침을 제공한다. 이러한 지원 센터는 일반적으로 잘 구성된 영상에 대한 설명을 제공한다. 이는 10분 동안 찾아봐도 찾을 수 없는 드롭다운 메뉴(dropdown menu)로 가라고 조언하는 지침들과 다르다.

우리는 줌의 도구들을 수업에 적용하는 방법을 구체적으로 몇 가지 알려줄 것이다. 하지만 플랫폼의 시스템이 어떻게 작동하는지를 알려면 각 플랫폼의 지원 센터가 더 적합하다. 만일 초보 단계에서 벗어날 필요가 있다면 우선 지원 센터에서 제공하는 정보부터 살펴보기 바란다.

온라인에서 가르칠 때에도 결국 교실에서 가르칠 때와 똑같은 요소가 필요하다. 바로 개념들을 설명하여 구체적으로 적용하게 만드는 능력, 학생들을 학습에 참여시키는 능력, 학생들과 소통하고 학생들에 대한 기대를 명확하게 전하는 능력이다.

우리의 주요한 목표는 교사들이 기술을 활용하여 이 익숙한 능력들을 새로운 상황에 적용하도록 돕는 것이다.

직접
영상 녹화하기

° 2017년 3월에 부산대 정치외교학과 로버트 켈리(Robert Kelly) 교수는 한국의 자택 사무실에서 BBC와 생방송 인터뷰를 했다. 많은 사람들이 그의 이름을 기억하지 못해도 아마 영상을 보았을 것이다. 그 영상에서 켈리 교수는 친숙한 보통 사람처럼 보인다(https://www.youtube.com/watch? v=Mh4f9AYRCZY).

켈리 교수는 집에서 일하고 있었지만 그 인터뷰를 세심하게 준비한 것이 분명했다. 그는 정치학자다. 세심하게 잡혀 있는 구도와 벽에 붙은 지도와 책이 즐비한 책장에서 그의 지식과 전문성이 느껴진다.

켈리 교수는 정장 차림이었고 조명 상태도 좋았다. 하지만 박근혜 대통령 탄핵에 대한 자신의 생각을 말하고 있을 때 네 살짜리 딸이 뒤에서 위풍당당하게 등장했다. 인터뷰가 진행되는 동안 이 아이는 기분 좋은 표정으로 방안에 들어와 이상한 낌새를 느끼지 못한 아버지 바로 뒤까지 쾌활하게 걸어왔다. 이어서 보행기에 탄 아기 남동생도 방 안으로 들어왔다. 곧바로 몹시 당황한 그의 아내가 두 아이를 정신없이 방 밖으로 끌고 나갔다.

뒤에서 이러한 소동이 일어나는 동안 켈리 교수는 침착함을 전혀 잃지 않았다. 나중에 그 사건에 대한 질문을 받았을 때 그는 "방송은 진행되어야 하기 때문에" 당면한 주제에 대해 계속 말했을 뿐이라고 언급했다.

자신의 집 부엌이나 서재 혹은 거실에서 온라인 수업을 진행해 본 교사들 가운데 켈리 교수가 겪었던 순간을 경험해 본 교사들도 있을 것이다. 수업 도중에 네 살짜리 자녀가 방안으로 불쑥 들어왔거나 배관공이 갑자기 도착했거나 화재 경보가 울린 경우 말이다.

교사들은 '수업이 진행되어야 한다'는 점을 알지만 집에서 수업을 녹화할 때 실제 교실에서 경험하지 못하는 여러 난제에 직면할 수 있다. 그렇다 해도 이러한 현실에 현명하게 대처하는 것이 중요하다.

학생들은 교사의 얼굴이나 도표를 그린 용지가 제대로 보이지 않는다면 점점 수업을 듣지 않을 것이다. 만일 여기저기서 들리는 소음으로 교사의 목소리가 잘 안 들린다면 학생들은 주의가 쉽게 산만해질 것이다. 교사는 학생들 역시 온갖 소리와 방해 요소로 가득 차 있고 가족이 함께 있는 집안에서 수업을 듣는다는 점을 기억해야 한다.

교사가 완벽한 배경을 마련하거나 할리우드에서 쓰일 법한 조명을 갖추지는 못할 것이다. 하지만 성공적인 수업 녹화를 위한 몇 가지 기본적인 비결은 있다.

- **배경**: 중립적인 배경이 가장 효과적이다. 아무 장식도 없는 벽이나 정신을 너무 산만하게 만들지 않게 인테리어가 된 공간을 찾는다.

- **의상**: 가능한 한 교실 수업에서 입을 만한 옷을 입는다. 이렇게 하면 '우리는 여전히 학교에서 하는 수업을 하고 있다'는 메시지를 전달할 수 있다. 배경과 대비되는 옷을 입어서 눈에 잘 띄게 해야 한다. 이렇게 한다고 해서 산만하게 보이는 것은 아니다.

- **조명**: 광원이 자신의 앞쪽에 있을 때가 가장 효과적이다. 흔히 램프의 빛보다 창문으로 들어오는 자연광이 영상을 보는 사람들의 눈을 더 편안하게 해준다.
  하지만 교사는 환한 창문이나 너무 밝은 조명을 배경으로 앉으면 안 된다. 학생들이 교사의 표정과 미소를 분명히 봐야 하는데 이 경우 교사의 얼굴이 잘 보이지 않을 가능성이 있다.

- **소리**: 최대한 배경 잡음을 제거해야 한다. 주위가 조용할 가능성이 높은 시간에 수업을 녹화해야 한다. 녹화할 때 헤드폰을 사용하는 것도 좋다. 이렇게 하면 일반적으로 마이크가 입과 더 가까워지기 때문이다.

직접 녹화하기에 대한 현실적 조언

- **수업 따라가기**: 화면에서 이미지, 문서, 파워포인트 등을 공유할 때 학생들에게 집중해야 할 부분을 알려주어야 한다. 실제 교실에서 하는 것처럼 화면에서 어느 지점을 봐야 하는지 알려주며 학생들을 이끌어야 한다. "지금 우리는 두 번째 단락을 시작할 거예요." 파워포인트에서 그래픽을 활용하는 것은 학생들에게 집중해야 할 지점을 알려주는 좋은 방법이다. 조슈아 험프리 교사의 수업 영상에 나오는 이미지는 좋은 예이다. 조슈아 교사가 각각의 포인트를 설명할 때 작은 원으로 된 강조 표시가 나타난다. 그러면 학생들은 핵심 사항에 집중할 수 있다.

- **카메라 위치**: 우리는 수업을 녹화할 이상적인 장소를 찾는 것이 쉽지 않다는 점을 안다. 그렇지만 컴퓨터 카메라가 얼굴과 수평을

다항식 분류 참조 시트		
항은 덧셈과 뺄셈으로 분리 된다. $3x^2yz \oplus 5x$	가장 큰 지수 $11x^2 - 3x^③ + 12$	
단항식 $③x$　　　　2항식 $3x^2 - 5$	3항식 $4x^5 - 2x^2 + 11$	
표준 형 - 지수가 가장 큰 항에서 작은 항 순서로 $4x^3 + 2x^2 + 11$	최고차 계수 - 지수가 가장 큰 항의 계수 $4x^2 + 5x + 1$	
상수항 　$4x^2 + 3x + 2$	1차항 　$4x^2 + 3x + 2$	2차항 　$4x^2 + 3x + 2$

▶ 강조 표시로 학생들의 집중력을 끌어올리는 비결

이루면 수업 내내 어색하게 아래를 내려다보는 모습을 피할 수 있다. 뿐만 아니라 모든 학생의 자연스러운 얼굴 표정을 더 쉽게 포착할 수 있다.

이렇게 수평을 이루는 게 잘 되지 않는다면 노트북을 한두 권의 책 위에 받쳐놓거나 노트북 거치대를 구입하는 것을 고려해 본다.

- **자신을 관찰하기:** 대부분의 녹화 프로그램에는 촬영 중인 자신을 볼 수 있는 창이 있다. 이 창을 이용해 타이머, 책, 화이트보드 등이 거울상처럼 반대로 보이지 않게 조절한다. 완성된 영상을 보는 학생들이 반대로 읽는 것을 원치 않을 테니 말이다.

손을 드는 동작을 본보기로 보여주겠다면 손을 머리 위로 올려 화면 밖으로 나가게 하지 말고 손바닥을 카메라를 향해 치켜든다.

- **화면 속의 화면:** 수업에 필요한 준비물을 보여줄 때 준비물뿐만 아니라 교사의 얼굴도 보이도록 화면을 설정한다. 줌으로 녹화할 때는 자동적으로 실행되지만 파워포인트의 화면 녹화 기능이나 기본적인 화면 녹화 앱을 사용하면 선택을 해야 한다.

4장에 있는 클로에 하이킨 교사의 수업 영상 화면은 그녀가 자신의 얼굴을 수업 준비물 사진 속에 어떻게 배치했는지 잘 보여준다. 이로써 학생들은 수업을 따라가는 데 시선을 덜 움직이고 그녀는 학생들의 시선을 집중시킬 수 있다.

실시간 수업과 비실시간 수업에서 이러한 조언들은 주의산만을 최소화하고 학생들이 교사와 수업에 집중하는 데 도움이 된다. 우리는 아무리 실시간 수업이라도 수업을 촬영해 두기를 권장한다. 촬영한 수업 영상은 결석한 학생들에게 도움이 되고 코칭과 독학을 위한 유용한 도구가 될 수 있다.

의견을 공유하는 채팅

우리는 최근 회의에서 독서 토론을 이끄는 고등학교 교사의 영상을 보았다. 이 교사는 학생들에게 노트에 정리할 시간을 30초 주고서 이렇게 말했다.

"이제 채팅창으로 가서 『오셀로』의 2장에서 발견한 성격적 결함 두 가지를 써서 선생님한테 보내세요."

채팅창은 이내 학생들의 답변으로 가득 찼다.

"좋은 답변이 많은데요. 김 케이메사는 로드리고가 잘 속아 넘어간다고 썼네요. 잘 썼어요."

이 교사는 약 1분 만에 전체 학생의 의견을 읽었고 학생들은 모든 친구들의 답안을 확인했다. 중요한 점은 모든 학생들이 의견 공유에 참여했다는 점이다.

물론 채팅이 참여의 유일한 형태가 되면 안 된다. 하지만 수업 내용에 대해 동시에 의견을 공유할 수 있게 해주기에 더 많은 학생들이 참여할 수 있다. 다른 의견이 있을 수 있지만 교실에서 하는 정기적인 토론보다 채팅으로 의견을 공유하는 것에 좀더 이점이 있다.

- 모든 학생이 채팅창에 답안을 남길 때 교사는 학급 전체의 이해도를 확인할 수 있다.
- 교사는 각 학생의 이해도를 개인적으로 확인할 수 있다. 이때 학생은 프라이버시 침해를 우려할 필요가 없다. 일대일 대화를 하면 다른 학생들은 보지 못하기 때문이다.
- 나중에 할 토론을 준비시키기 위해 채팅창을 이용할 수 있다. 모든 학생들에게 증거에 따른 예측을 하여 채팅창에 남기라고 한 후 수업의 중요한 순간에 조금 전 써둔 내용으로 다시 돌아가게 한다.

 채팅에 대한 현실적 조언

- **채팅 내용을 나중에 검토할 때:** 수업 중에 한 채팅 내용을 나중에 검토하고 싶다면 채팅 이력을 다운로드할 수 있다. 사실 각 수업의 채팅 이력을 기록하도록 줌을 자동 설정할 수 있다. 이 이력은 줌의 내 문서 폴더 안에 날짜별로 구분되어 있을 것이다.
- **가능한 상황일 때 도움받기:** 가능한 상황이라면 채팅창을 모니터링할 때 동료 교사의 도움을 받는다. 일부 학교에서는 한 명의 지도교사가 수업을 진행하고, 다른 교사들은 채팅의 일대일 메시지

기능을 사용하여 개별 학생들을 관리한다.

- **모두에게 보여주기:** 채팅창 내용을 나중에 모두에게 보여주기 위해 이를 캡처하거나 복사하여 문서에 갖다 붙인다.

- **교사와의 일대일 채팅:** 모두가 서로의 생각을 들여다볼 수 있도록 학생들에게 채팅창에 글을 올리라고 하는 것은 조형적 사고를 형성하기 위한 좋은 방법이다. 하지만 교사는 이따금 수업을 조금 차분하게 진행하고 싶을 수 있다.

  이때 안전하게 가장 괜찮은 답안을 몇 개 선택할 수 있다. 혹은 모두에게 보여주기 방식을 이용해 학생들의 생각을 익명으로 공유할 수도 있다. 이 경우 학생들에게 이런 식으로 요청한다. "이번에는 답안을 채팅창에서 모두 볼 수 있게 쓰지 말고 선생님한테 바로 남기세요."

- **통로 역할을 하는 채팅창:** 학생들에게 중요한 정보를 전달하기 위해 채팅창을 이용할 수 있다. 가령 구글 문서 도구로 연결되는 링크나 학생들이 소회의실에서 혹은 개별 학습 시간에 논의하길 바라는 질문을 채팅창에 남기는 것이다.

'돌아가며 말하기'를 위한
소회의실

○ 채팅창보다 좀더 발전된 형태인 소회의실은 회의 관리자가 규모가 큰 그룹을 작은 단위의 개별 방으로 나누어놓은 것이다. 관리자는 방을 자동으로 또는 수동으로 만들도록 설정할 수 있고 각 방을 언제든 방문할 수 있다. 대부분의 플랫폼에는 이 기능을 사용하는 방법이 설명되어 있다. 줌도 예외는 아니다.

특히 소회의실은 교사가 돌아가며 말하기 방식을 온라인 수업에 적용할 수 있는 좋은 방법이다. 효과적인 돌아가며 말하기를 위한 여러 가지 비결은 온라인 수업의 성공과도 연결된다.

교실 수업과 온라인 수업에서 탁월한 성과를 내는 교사들이 사용하는 방식을 소개한다. 첫 번째는 효율성과 책임감을 극대화하기 위해 자주 사용하는 방식들이다.

- **표준화된 신호:** 돌아가며 말하기를 시작하거나 끝내도록 촉구할 때 간결한 표현을 쓴다. 명확한 시작 신호가 있을 때 돌아가며 말하기를 활기차게 시작할 수 있다. 표준화된 신호란 항상 사용하는 신호를 말한다. 이러한 신호는 효율성을 높인다. 학생들이 그것의 의미와 해야 할 일을 자동으로 알기 때문이다.

- **명확한 시간 제한:** 의도적으로 시간 분배를 했다는 점을 알려주기 위해 특정 분량의 시간을 사용한다. 소회의실에서 1분에서 3분까지의

토론이 가장 효율적이다. 학생들에게 시간이 얼마나 남았는지 알리기 위해 '공지하기' 기능을 사용할 수 있다. "앞으로 30초 남았습니다." 소회의실이 닫히기 전에 정해진 시간(15초, 30초, 60초)이 지나면 참가자들을 자동으로 메인 세션으로 돌아가게 하는 기능도 있다. 이 기능을 사용하면 학생들에게 토론을 마무리하고 메인 세션으로 돌아갈 준비를 할 시간을 주게 된다. 하지만 학생들이 이 체계에 익숙해지도록 일관되게 알려야 한다. "이제 30초 남았어요. 마지막 생각을 공유하기에 충분한 시간이에요."

- **토론 절정에 종료:** 소회의실에서 쓰는 시간을 일정하게 정한다. 이는 열기가 시들해질 때가 아니라 무르익었을 때 파트너 토론을 끝내기 위해서이다. 학생들이 본 수업으로 돌아왔을 때에도 참여에 대한 열의가 있도록 해야 한다.

교사는 한두 개의 소회의실에 참여하여 대화가 여전히 활발하게 진행 중인지 점차 열기가 가라앉고 있는지 살펴보며 토론의 절정을 확인할 수 있다.

소회의실은 소규모의 학생들을 확인할 수 있는 좋은 도구이다. 벤 에서 교사의 수업 영상에서 그는 소회의실을 방문한다. 학생들의 대화에 동참하여 피드백을 해주고 다른 소회의실로 이동한다. 물론 실제 교실에서 책상 사이로 이동하는 것과는 다르지만 말이다.

▶ 비디오 클립 벤 에서 "오해"

https://www.wiley.com/go/newnormal

교사는 소회의실을 닫아 토론을 일찍 끝내게 하거나 공지하기 기능을 사용하여 전원에게 시간을 더 준다고 알리는 것 중 선택할 수 있다. 우리의 동료 롭 교사는 "토론 시간이 30초 더 남았어요"라며 참여자들에게 알리는 메시지를 자주 보낸다.

교사가 이따금 쓸 수 있는 두 번째 방식들은 다음과 같다.

• **순서 관리**: 대화를 시작할 사람을 지정하는 것은 이따금 유용하다. 이렇게 하면 준비 시간이 줄어들어 진행을 빠르게 할 수 있고 일부 학생이 항상 그룹의 일원들을 지배하는 현상도 막을 수 있다.

교사는 이런 식으로 말할 수 있다. "모두 소회의실에 입장했을 때 이름 첫 자가 알파벳 순서에서 맨 앞에 오는 사람이 먼저 대화를 시작하세요."

모든 학생이 돌아가면서 말하는 것이 중요한 경우 교사는 메시지 기능을 사용해 모든 그룹에 알릴 수 있다. "차례차례 돌아가며 말하세요".

소회의실에서 토론이 진행되는 중에 이런 메시지를 보낼 수도 있다. "이제 두 번째 학생이 말해 보세요."

• **무작위 호명으로 마무리**: 교사는 학생들이 주제에 대한 의미 있는 대화를 해야 할 책임을 갖도록 소회의실에서 나오면 무작위 호명을 이

용한다. 소회의실에서 돌아가며 말하기를 분명하게 시키고 토론이 끝나면 무작위 호명을 한다고 말한다.

그래야 이것이 당혹스러운 일이 아니라 예측 가능하고 긍정적인 활동이 된다. 무작위 호명으로 마무리하면 속도와 열정을 유지할 수 있다. 소회의실에서 학생을 미리 호명해 두는 것도 도움이 될 수 있다. "본 수업으로 돌아가면 제일 먼저 아샤에게 발표를 시킬 거예요."

• **글쓰기 과제:** 학생들에게 소회의실에 들어가기 위한 준비로 멈추고 기록하기를 시킨다. 처음 떠오르는 생각을 연필과 노트를 이용해 적어보게 하는 것이다. 이렇게 하면 세 가지 이점이 있다.

첫째, 모든 학생이 할 말이 생긴다. 둘째, 모든 학생이 말할 가능성이 높아진다. 셋째, 생각을 머릿속에 담아둘 필요가 없기 때문에 상대방 말에 귀를 기울일 수 있다.

• **토론 상대자의 말 공유하기:** 소회의실에서 나온 학생들이 토론을 했던 상대방의 말을 공유하는 시간을 보낸다. 이는 경청에 대한 책임감을 높이고 친구들의 생각을 자기 나름으로 정리하는 데 도움이 된다.

소회의실에 대한 현실적 조언

- **공지하기:** 불쑥 끼어들지 않는 방식으로 학생들과 소통하기 위해 소회의실에서 '전체 공지' 기능을 활용한다. 학생들에게 토론 주제를 제시했다면 학생들이 미리 준비할 수 있도록 글쓰기 주제를 공지한다. 또한 학생들에게 시간이 얼마나 남았는지 알려주거나 다른 학생이 논의를 시작해야 할 때를 상기시킨다.

- **잠깐의 방문:** 돌아가며 말하기 활동 때처럼 그룹 토론을 하는 소회의실을 잠깐 방문하여 학생들의 생각을 확인하는 것이 좋다. 어린 학생들이고 학기 초일 경우 짧게 자주 방문하는 것이 유용하다.
  교사는 학생들이 이 체계에 익숙해지고 소규모 그룹 활동을 믿음직하게 해낸다면 좀더 많은 시간을 보내며 좋은 생각을 골라내고, 어려워하는 학생들에게 도움을 줄 수 있다.

- **소그룹 규모:** 규모를 작게 해야 한다. 소회의실마다 두세 명 이하의 학생들이 일반적인 규모다. 서로 짝꿍이 되는 학생들을 다양하게 구성하여 소회의실을 주기적으로 다시 만들어야 한다. 그룹 안에 학생을 더 추가할수록 학생들이 참여할 시간이 부족해지고, 활동에 집중하지 않을 가능성이 높아진다.

- **소그룹 구성:** 소회의실에서 함께 활동할 학생들을 배정하는 쉬운 방법은 '무작위 배정' 기능을 사용하는 것이다. 수업 시간 동안 활

동 짝꿍(그룹)을 바꾸려면 매번 '그룹 재생성'을 클릭해야 한다. 시간이 지나면서 활동 상대와 견해에 균형을 주기 위해 교사가 의도적으로 선택하여 그룹을 배정할 수 있다. 어떤 학생을 새로운 그룹으로 옮기고 싶을 때 줌 화면 아래쪽에 '참여자' 버튼을 클릭하면 각 그룹에 들어가 있는 학생들 명단이 뜬다. 이름에 마우스를 갖다 대면 '재배치' 옵션이 나타난다.

- **롤아웃:** 실제 교실에서와 마찬가지로 롤아웃을 계획하는 것이 중요하다. 가령 벤 에서 교사는 줌에서 '돌아가며 말하기'를 소개할 때 가장 먼저 말하는 순서에 대한 간단한 방식을 설명한다. 바로 이름 첫 자를 기준으로 한 알파벳 순서이다.

뒤이어 벤 교사는 학생들에게 바로 앞 학생이 한 말을 다른 말로 바꾸어 설명해야 한다는 점을 명확하게 전달한다. 이로써 학생들이 서로의 말을 경청해야 한다는 사회적 교육을 시킬 뿐만 아니라 학생들에게 친구들의 생각을 본인의 생각과 통합할 수 있는 기회를 제공한다.

▶ **비디오 클립 벤 에서 "오해"**

https://www.wiley.com/go/newnormal

효과적인 학습 자료 공유와
과제 제출

○ 채팅창과 소회의실 기능은 교사가 실시간으로 학생의 결과물을 평가하는 데 유용하다. 하지만 이따금 포괄적인 피드백을 하려면 좀더 시간을 두고 평가를 할 필요가 있다. 이는 새로운 접근법이 아니다. 거의 모든 교사들은 학생들이 과제를 제출하고 이를 수업 이후에 평가하는 체계에 익숙하다.

원격 수업에서도 학습 자료와 학생의 과제에 대한 피드백을 제공하는 일은 중요하다. 이때도 교사가 학습 자료를 보내고 학생의 과제를 받는 체계는 여전히 필요하다.

기술 활용과 가장 거리가 먼 피드백 과정은 주말에 과제물을 갖다주고 다음 주말에 완성한 과제물을 가져와서 그다음 주에 피드백을 전달하는 것이다. 이는 느린 방법이다. 하지만 늦은 피드백 과정이라도 전혀 안 하는 것보다는 낫다.

다행히 대부분의 교사들과 학생들은 이메일을 주고받을 능력이 있다. 공식적인 플랫폼이 없을 때 수업 전용 이메일 계정은 학생들이 과제를 제출하고 비실시간으로 피드백을 받을 수 있는 수단이다. 많은 학교에서 학생들이 문서를 내려받고 과제를 올리는 전용 공간이 있는 구글 클래스룸 같은 공식 플랫폼을 활용한다.

실제로 디지털 자료의 배포와 수집에는 여러 이점이 있다

• **디지털 기록:** 이따금 종이는 다리가 생겨나 폴더 밖으로 벗어나서 멀

리 달아나버리는 모양이다. 대부분의 교사들은 학생이 과제물을 더이상 못 찾겠다고 하거나 제출된 과제물 속에 없는데 본인은 마무리과제를 제출했다고 주장하는 경우를 경험해 보았다.

그런데 이메일이나 구글 클래스룸 같은 디지털 플랫폼은 추가적인자료나 과제물을 클릭 한 번으로 전송할 수 있다. 또 제출된 과제와제출되지 않은 과제에 대한 명확한 기록이 남는다.

- **변경 내용 추적:** 교사와 학생은 구글 문서 도구에서 '변경 내용 추적' 기능을 이용하여 시간이 흐르면서 변화된 과제물의 내용을 추적할수 있다. 이렇게 수정된 문서는 선을 그어 지운 부분과 여백에 남긴메모가 수십 개가 되는 노트보다 추적하기도 읽기도 편하다.

더욱이 디지털 기록이 있으면 학생들이 일찍이 제출했던 과제를 열어 교사의 피드백을 다시 살펴볼 수 있다. 이러면 교사가 학생이 반복적으로 저지르는 실수를 여러 번 수정해 줄 필요가 없어질 것이다. 교사는 이렇게 말할 수 있다.

"우리가 적절한 인용 형식을 다루었던 4단원으로 돌아가서 그 형식을 현재 쓰는 에세이에도 적용해 보세요."

공유 문서와 과제 제출에 대한 현실적 조언

- 교사는 학생들에게 단순한 쓰기 과제 이상을 요구할 수 있다. 고보드(GoBoard) 같은 온라인 화이트보드는 손으로 수학 문제를 풀거나 그림을 그릴 수 있는 디지털 공간을 제공한다.
- 영상을 제출할 수 있는 플립그리드(Flipgrid) 같은 사이트에서 학생들은 자신의 과제를 영상으로 촬영하거나 다른 친구가 제출한 과제에 대한 피드백을 영상으로 촬영할 수 있다.
- 기술적인 문제에 대비하는 계획을 세워야 한다. 훌륭한 교사들은 만일의 사태에 대비한 계획을 세워둔다. 항상 찾을 수 있는 공유 폴더에 과제물과 멀티미디어 강의 자료를 저장해 둔다.

실시간 수업을 녹화한 후 업로드하여 동일한 공유 폴더에서 언제든지 볼 수 있게 해둔다. 교사는 학생들이 그 자료를 검색하기 위한 명확한 지침을 제시하고, 플랫폼에 문제가 생기거나 접속이 안 되더라도 과제를 완수해야 한다는 점을 분명히 전한다.

수업을 위한
디지털 작업 공간 준비

○ 우리는 앞에서 학생들의 학습 공간을 관리해 주어야 좋은 성과를 내도록 준비시킬 수 있다는 점을 언급했다. 단순함과 일관성이 주요 원칙이다. 학생들에게 수업을 위한 준비물은 필요하지만 그 외의 모든 것은 주의를 산만하게 한다. 우리는 작업 공간을 준비하는 데 효과적인 체계를 갖추는 것이 중요하다는 점을 확인했다. 이는 디지털 공간에도 적용된다.

재택근무를 위한 공간에 다행히 성능 좋은 프린터와 두 개의 모니터를 갖춘 교사들도 있다. 하지만 그 외의 교사들은 수업을 위한 디지털 작업 공간을 준비하기 위해 창의력을 발휘해야 할 수도 있다.

뿐만 아니라 교사들은 학생들에게 디지털 학습 공간을 마련하도록 요청할 때 신중하게 해야 한다. 수업을 위한 디지털 작업 공간을 구성하는 데 도움이 될 몇 가지 조언은 다음과 같다.

- **슬라이드 만들기**: 파워포인트와 기타 프레젠테이션 소프트웨어가 있으면 메모, 이미지, 영상 등 평소에 수업 자료로 사용하는 것들을 삽입할 수 있다. 우선 이러한 소프트웨어부터 준비한다. 여러 슬라이드를 복사해서 앞으로 할 수업 자료에 붙일 수 있고 이로써 형식의 일관성과 방향을 극대화할 수 있다.

- **잦은 화면 전환 피하기**: 줌과 같은 몇몇 프로그램의 경우 공유하는 화

면을 바꾸기가 불편하다. 이 불편함의 긍정적인 측면은 수업 구성이 너무 복잡하면 안 된다는 점을 깨닫게 해준다는 점이다. 단순하게 구성하라. 독특한 형식으로 수업하고 싶은 때도 있겠지만 이런 시도를 최소화하려고 노력해야 한다. 기술적 문제는 일어나게 마련이며 수업의 맥을 놓치면 다시 돌아가기가 쉽지 않다.

- **실용성이 시각적 화려함보다 낫다:** 파워포인트에 타이머를 삽입하는 것은 상당히 복잡하다. 우리는 일부 교사들이 기술을 쓰지 않는 훌륭한 차선책으로 타이머를 그냥 웹 카메라 앞에 갖다 대는 것을 보고 흡족했다. 이와 달리 기술에 탁월한 교사들이 장면 전환 그래픽에 공들이느라 결국 수업 속도가 늦어지는 경우도 목격했다.
일반적으로 학습 콘텐츠를 개발하고 학생들에게 피드백을 해주는 데 시간을 쓰는 것이 가장 바람직하다. 실제 내용에 비해 시각적으로 화려하게 만드는 기술은 우선순위에 놓지 않아야 한다.

 작업 공간 준비에 대한 현실적 조언

- **작은 화면:** 많은 학생들이 줌 수업을 볼 때 자신의 휴대전화를 사용할 수 있다. 교사는 글자와 이미지를 크게 해야 한다. 학생들이 채팅 창을 사용할 때 메인 화면을 볼 수 있을 것이라고 생각하면 안 된다.

- **노트에 필기하기:** 교사는 학생들의 집에 인쇄 자료를 직접 갖다주지 않는 한 학생들이 인쇄물을 준비하고 있을 거라고 기대하지 않는 것이 낫다. 그 대신 학생들은 손으로 직접 필기를 하고 컴퓨터는 수업을 보는 용도로 이용하는 것이 좋다. 줌 수업을 보면서 온라인 문서를 채우는 일은 만만치 않을 수 있다.
- **탭 전환 피하기:** 실시간 수업을 듣는 학생들에게 응용 프로그램을 전환하라는 요청을 자주 하지 말아야 한다. 클릭 한 번으로 주의가 산만해질 수 있다. 중간에 탭을 바꾸지 말라는 규칙을 정하는 것은 소셜 미디어 알림을 확인하려는 유혹을 없애는 방법이다. 물론 학생들은 구글 문서 도구를 사용할 수 있지만 지정된 시간 동안 개별 과제나 비실시간 수업의 과제를 하는 경우에만 사용해야 한다. 교사는 학생들이 파워포인트 슬라이드를 보며 학습하기를 원할 때 학생들에게 문서 작성을 요청하지 말아야 한다.

모두에게 보여주기, 화면 공유

지금까지 읽어서 알겠지만 무작위 호명은 학습과 책임감을 장려하는 효과적인 도구이다. 우리는 수업에 활용하는 기술들을 천천히 수용하면서 마침내 문서 카메라가 유용하다는 점을 인정하게 되었다. 많은 교사들이 문서 카메라를 훌륭하게 사용하는 것을 보았다. 그러면서 새로운 기술인 '모두에게 보여주기'를 인식하게 되었다.

대면 수업에서 온라인 수업으로 전환되면서 모두에게 보여주기처럼 완벽하게 이동된 기술은 없을 것이다. 화면 공유는 학생의 결과물을 문서 카메라에 갖다 대는 것과 동일한 효과를 내는 온라인 기능이다. 여기서 모두에게 보여주기의 장점들을 장황하게 논하는 대신 훌륭한 수업에서 화면 공유를 하는 몇 가지 방법을 다뤄보려 한다.

- **모범 답안과 공통적인 실수:** 교사는 문서 카메라를 통해 모두에게 보여주기 방식을 쓸 때처럼 모범 답안이나 공통적인 실수를 강조해서 보여주기 위해 학생들에게 화면을 공유해 달라고 요청할 수 있다. 혹은 제출된 답안에서 선택하여 공유할 수 있다.

- **함께 만드는 모범 답안:** 교사는 학생들과 함께 중요한 정의를 내리기 위해 워드 문서의 화면을 공유할 수 있다. 함께 수정한 내용은 교사가 화면을 공유하고 실시간으로 '변경 내용 추적' 기능을 사용하면 더 쉽게 추적할 수 있다.

- **긍정적인 말해 주기:** 비실시간 수업은 교사와 학생 사이의 관계를 서먹하게 만들 수 있다. 어제 제출된 마무리 과제에서 뽑은 모범 답안을 칭찬하는 것은 화면 장벽을 해체하고, 과제는 당연히 공들여서 해야 하는 것이라고 인지시키는 좋은 방법이다.

화면 공유에 대한 현실적 조언

- **준비가 될 때까지 화면 공유를 비활성화한다:** 교사가 확고한 문화를 형성해야 학생들은 유치하거나 부적절한 내용을 우발적으로 반 전체에 공유하고 싶은 유혹을 참아낼 수 있을 것이다. 기본적으로 학생들이 자신의 화면을 공유할 수 없게 해야 한다. 교사는 어떤 학생에게 답안을 공유해 달라고 요청하기 직전에만 학생의 화면 공유를 활성화해야 한다.

- **응용 프로그램이 아니라 화면을 공유한다:** 줌은 교사가 학생들과 파워포인트 같은 특정 응용 프로그램을 공유할 수 있도록 설계되었다. 초보자는 이 기능을 사용할 때 그 가치를 느끼기보다 어렵다고 느끼게 마련이다. 교사는 그저 상단 왼쪽에서 화면을 공유하기만 해도 된다. 이렇게만 해도 본인의 컴퓨터 화면에 나오는 내용과 학생들이 보고 있는 것이 일치한다.

- **줌에는 기본적인 화이트보드 기능이 있다:** 물리학 도표나 수학 방정식을 나타내고 싶다면 화면 공유에서 화이트보드 기능을 사용할 수 있다. 하지만 이것은 기본적인 기능이다.

터치패드와 스타일러스(stylus)가 없다면(혹은 이러한 것을 사용하는 요령이 없다면) 공학용 계산기와 일반적인 방정식으로 미리 프로그래밍된 전용 화이트보드 프로그램을 사용하는 것이 낫다. 가령 고보드 같은 프로그램이다.

단순성이 핵심이다. 첨단 기술을 사용하든 그렇지 않든 가르치는 일을 좀 더 수월하고 효율적으로 만들어주는 것이 좋은 해결책이다.

- **직접 녹화하기:** 집에서 수업을 녹화할 때 여러 가지 난제에 부딪힌다. 녹화하는 공간, 배경, 조명, 배경 소리가 어떠한가는 모두 학생들의 학습 경험에 영향을 끼친다. 그러니 시간을 들여 올바로 녹화하기 위한 준비를 해두어야 한다.
- **채팅:** 채팅은 교사가 시간을 최대한 효율적으로 사용하는 데 도움이 되는 좋은 방식이다. 전체 학생의 답안을 동시에 확인하거나 제출물을 나중에 검토할 수 있기 때문이다. 채팅이 유일한 참여 방식이 될 수 없지만 몇 가지 분명한 이점이 있다. 이 이점들을 활용해야 한다.
- **소회의실:** 실제 교실의 소그룹 토론을 온라인 교실에서 재현하려면 소회의실을 이용한다. 이는 학생들의 이해도 확인에도 좋은 방법이다.
- **공유 문서와 과제 제출:** 이따금 포괄적인 피드백 과정에는 채팅창에 쓰는 짧은 시간 이상의 긴 평가 시간이 필요하다. 자료를 디지털 방식으로 배포하고 수집하는 것에는 여러 가지 이점이 있다. 아날로그 방식에 비해 많은 시간과 노력을 아낄 수 있다.
- **작업 공간 준비:** 디지털 공간을 준비하는 것은 일하는 공간을 준비하는 것만큼 중요하다. 학생들의 이해도 확인을 위해서라면 이 중요성은 더 커진다. 단순성과 일관성에 근거하여 결정을 내려야 한다.

실제 내용에 비해 시각적으로 화려하게 만드는 도구는 피해야 한다.

- **화면 공유:** 화면 공유는 모두에게 보여주기 같은 기술을 온라인 수업에 도입할 수 있는 좋은 방법이다. 모범 답안이나 공통적인 실수를 강조해서 보여줄 수 있고, 다함께 모범 답안을 만들 수 있다. 화면 장벽 해체에도 도움이 된다.

불확실한 교육 환경 속에서도
교사는 준비해야 한다

'미래는 어떻게 될까' 예측하는 것으로 이 책을 마무리하는 것은 어떻게 보면 이상하다. 우리가 내년의 학교 상황에 대해 확신하는 몇 안 되는 부분 가운데 하나가 불확실성의 수준이다. 아마 역사에 남을 만큼 불확실한 상태가 될 것이다.

미래에 대한 어떤 질문에도 가장 솔직한 답변은 아마 '그건 아무도 모른다'일 것이다. 이러한 상황에도 불구하고 학교들은 계획을 세우고 실행해야 한다. 여기에 더해 인력을 고용하고 훈련시키고 예산을 편성해야 한다.

이 과정에서 긴장된 웃음(nervous laughter, 스트레스, 긴장, 혼란, 불안에 대한 신체적 반응으로 유발되는 웃음 – 옮긴이)은 너무 심각하지만 않다면 용서될 수 있으리라. 청소년들은 우리에게 의존하고 있다. 우리가 무엇을 계획하고 있는지 아는 것이 타당하든 아니든 우리는 준비해야 한다.

우리는 학생들과 함께 교실로 돌아가 익숙한 복도를 걷게 될까? 그렇다면 얼마나 자주, 얼마나 오랫동안, 어떠한 상태에서 그렇게 할 수 있을까? 학교에서 정한 운영 방식에 따라 학년이 시작되더라도 상황이 갑자기 변할 수 있다.

가령 이런 식이다. 모두 한 해를 집에서 시작했다가 이내 학교로 돌아간다. 그렇게 학교로 돌아갔다가도 다시 등교가 중지될 수 있다. 이 과정은 한 달, 일 년 혹은 십 년 동안 지속될 수 있다.

이는 온라인에서 가르치는 방법과 대면으로 가르치는 방법 사이에 조율이 필요하다는 것을 의미한다. 우리는 이 사실을 맨 처음 알아차렸다. 우리는 노트북으로 레이철 신 교사를 보았다. 노트북을 보고 있는 레이철 교사는 나중에 각자의 노트북으로 이 교사를 보게 될 아이들에게 말을 한다.

그녀는 학생들과 공유했던 교실의 분위기를 곧바로 느끼게 해준다. 교실에서 쓰던 것과 똑같은 표현을 쓰고 비슷한 순서대로 진행한다. 잠시 후 자리에서 일어나 창문에 테이프로 붙인 종이가 마치 교실에 있는 화이트보드라도 되는 듯 그쪽으로 걸어간다.

레이철 교사는 어느 순간 "항상 하던 것처럼"이라고 말한다. 우리와 자주 대화하는 교사들이 이런 말을 하는 것을 여러 번 들었다. 그들은 학생들과 공유했고 서로의 연결고리가 되었던 사회적 환경을 주기적으로 상기시켰다.

이렇게 함으로써 일관성, 익숙함, 침착함을 강조하는 결과를 얻었다. 또한 "여러분은 이것을 어떻게 하는지 알아요. 우리는 여전히 함께이고 선생님은 여러분을 보고 있어요"라는 메시지를 전한 셈이었다.

확실하고 일관되게 이러한 효과를 내기 위해서는 계획이 필요하다. 두 환경 사이를 오가려면 절차와 루틴이 확립되어야 한다. 이 절차와 루틴은 두 세계를 연결하는 언어로 계획적으로 설계되어야 한다.

실제 교실에서는 대개 기술을 활용하지 않는다. 하지만 학생들의 과제물을 받을 때 구글 클래스룸이나 기타 플랫폼을 이용할 수 있다. 모든 학생들이 온라인으로 과제를 제출하기 시작하면 이와 관련된 절차가 이미 마련된 셈이다.

우리는 온라인 학습으로 전환하기 전에 이미 구글 클래스룸과 같은 플랫폼에 의존하고 있던 학교들의 학습 곡선이 훨씬 더 완만하게 나타나는 것을 목격했다. 이 학교의 학생들과 학생들의 가족들은 이 절차에 익숙했다.

계획하기에서 또 생각해 봐야 할 부분은 학습 준비물이다. 앞으로 온라인 수업과 대면 수업이 번갈아가며 이루어질 가능성이 크다. 우리는 2020년 3월에 갑자기 학교 문을 닫고 학생들을 집으로 보냈다. 그때 일부 학생들은 빈손으로 돌아갔다.

이와 달리 사전에 계획을 세웠다면 크레파스와 2주 동안의 과제물을 학생들에게 챙겨 보냈을 것이다. 우리는 시간이 너무 없어 준비하지 못하고 충분히 생각하지도 못한 채로 온라인 수업을 하는 교사들의 영상을 종종 본다.

만일 그들이 미리 알고 모든 학생에게 수업에서 다루는 소설의 복사본을 줄 수 있었다면 어땠을까? 그들이 미리 알고 모든 학생에게 이해도 확인에 사용할 수 있는 화이트보드를 준비시켰다면 어땠을까? 그러면 교사는 이렇게 말했을 것이다. "자, 모두 물의 순환을 나타내는 도표를 그리고서 그것을 선생님이 볼 수 있게 화면 쪽으로 올리세요."

우리는 다음 상황에 대비해 이러한 것들을 미리 준비할 수 있다. 우리는 각각의 학생들을 위한 작은 상자 그러니까, 작은 고백(GoBag, 소지한 모든 물건을 진공 압축할 수 있도록 만들어진 여행용 배낭 브랜드 – 옮긴이)을 상상한다. 화이트보드가 들어 있는 고백은 몇 주 동안 등교를 하지 않는다는 뉴스가 나올 때 쓰이기 위해, 비유적으로 말하자면 문 앞에서 기다리고 있을 것이다.

물론 기기 대여를 위한 계획도 중요하다. 모든 학생이 기기에 접속할 수 있게 해야 한다. 이 기기는 학생들의 학습을 지원하고 심지어 주의산만함을 제한하는 데 최적화되어 있어야 한다. 인터넷 접속에 대한 해결책도 강구해야 한다. 이번에 우리는 평소에 인터넷에 접속하지 못하는 학생들이 있다는 사실을 놓쳤지만 이제 그러지 말아야 한다.

또다른 가능성도 있다. 우리가 학교로 돌아갈 수 있더라도 여기에 모두는 아닐 수 있다. 일부 학부모들은 자녀를 학교로 다시 보내지 않겠다고 선택할 수 있다. 한 지역은 학교 수업이 재개될 때 25퍼센트의 학생들이 등교하지 않기로 선택할 가능성에 대비하고 있다. 이 가운데 일부 학생들의 가정에서는 인터넷 접속이 안 될 수도 있다. 그 학교는 아마 가정에서 해야 할 과제물과 학교 수업과 비슷한 체계를 계획할 것이다.

이때도 '문서를 어떻게 제출하는가? 과제물을 어디에서 찾는가?' 같은 절차와 루틴의 중요성이 배가된다. 오피스 아워 같은 것도 마찬가지이다. 우리는 원격 수업과 온라인 수업을 의도적으로 구분해서 사용하려고 노력했으나 일관성 있게 구분해서 사용하지는 못했다.

원격이라는 말은 좀더 넓은 범주에 사용된다. 여기에는 온라인 수업뿐만 아니라 교사가 학생들과 멀리 떨어져 있을 때 사용하는 도구들도 속한다. 이메일, 문자, 전화 등이 그것이다. 이따금 사회적 거리를 둔 채 만나는 경우도 여기에 해당된다. 이것들은 수업을 위한 중요한 도구이다. 전달 대상의 규모가 갈수록 확대되는 방식 대신 개별적으로 전달할 때 쓸 수 있는 수단이다.

미래에 대한 또다른 고려사항은 학교 달력을 주의 깊게 살펴보는 것일지도 모른다. 일부 지역과 주의 학교 관계자들은 봄에 발생한 학습 결손을 메꾸기 위해서뿐만 아니라 가을에 2차 유행이 발생할 가능성 때문에 좀더 일찍 학교를 여는 것을 검토했다.

그들은 여름 동안 학교의 원격 수업 모델이 어떤 형태여야 하는지 확인하고 싶을 것이다. 특히 아이들의 추가적인 학습 손실에 대해 경각심을 느끼고 매달 발생되는 학습 손실이 기하급수적인 영향을 미칠 수 있는 상황에서 더욱 그렇다.

물론 고려해야 할 문제는 더 있다. 여러 나라나 주에서 혹은 한 지역 내에서 학교라는 곳이 예전과 동일하게 여겨질 가능성은 없다. 여러 단계의 대유행 경고를 접하며 1년을 불안정하게 보낼 것이다. 학생들은 평일의 절반은 학교에서 보내고 절반은 원격 수업을 하며 시간을 보낼지도 모른다. 각 학교와 지역은 별다른 경고를 받지 못하다가 갑자기 온라인 학습으로 전환할지도 모른다. 1차 유행으로 휴교할 때처럼 말이다.

하지만 불확실성의 숲에서 길을 인도해 줄 이정표는 존재한다. 온라인 수업 체계와 교실 수업 체계의 조화를 이루는 것 외에 원격 수업을 하기 전과 하는 중에 유대감을 형성하는 문제를 진지하게 생각해야 한다.

우리가 2020년에 가장 절실하게 깨달은 것은 교실에서 함께 보낸 6개월 동안 형성된 관계와 습관을 기반으로 원격 수업이 진행되었다는 점이다. 우리는 앞으로도 이러한 관계와 습관을 유지할 수 있을까? 만일 그럴 수 있다면 이를 놓치지 말아야 한다.

하지만 무언가를 위해 더 노력할수록 성과가 더 미미해지는 때도 있다. 교사와 학생 사이의 관계는 무엇보다 효과적인 가르침을 통해 형성된다. 교사는 학생들이 자신을 좋아하게 만드는 것에 마음이 끌릴지 모르나 이를 목표로 삼으면 안 된다. 학생들이 자신과 함께 하는 학습을 좋아하게 만드는 것을 목표로 삼아야 한다.

점점 벌어지는 학습 격차, 학교 자원 배분을 어떻게 할 것인가

에밀리 오스터가 존 프리드먼의 연구에 대해 언급한 부분은 우리에게 다음의 사실을 일깨워준다. 학교로 돌아갔을 때 우리는 수업하기에 좀더 복잡하고 도전적이고 불확실한 환경에 직면할 것이다. 뒤처지고 학습 격차가 크게 벌어졌을 가능성이 큰 학생들을 마주할 것이다. 더욱이 이러한 격차는 불평등하게 분포되었을 가능성이 높다. 일부 학생들은 전형적인 학교 수업의 부재로 좀더 괴로워할 것이다. 따라서 학교 자원의 배분에 대해 적어도 두 가지 가능성을 생각해 볼 수 있다.

첫째, 평가 영역에 더 많은 자원이 필요할 가능성이다. 우리가 현재의 온라인 학습이 덜 효과적이라고 인지했다면 학습 결손을 이해하기 위해 좀더 의도적이고 효과적으로 평가를 해야 한다.

다행히 원격으로 테스트를 어느 정도 성공적으로 수행할 수 있으므로 지금 평가를 시작할 수 있다. 하지만 실질적으로는 버스가 학교 앞에 다시 서는 날 학생들의 상태를 개인적으로나 전체적으로도 많이 알게 될 것이다.

많은 경우 다양한 평가가 필요할 가능성도 높다. 수학은 현재의 테스트로 비교적 믿을 만한 평가를 할 수 있다. 그런데 '읽기 기술은 전이되는 기술'이라는 잘못된 가정을 바탕으로 대부분의 읽기 평가와 그에 따른 테스트가 이루어지고 있다. 잘못된 가정이란 한 구절을 읽고 추론할 수 있다면 모든 구절을 읽고 추론할 수 있다는 것을 말한다.

하지만 읽기 기술은 기본 기술 즉 다양한 수준의 혹은 복잡한 텍스트와 구문을 파악하는 유창성과 배경지식의 조합일 가능성이 높다. 이 조합에서 가장 중요한 것은 어휘이다. 우리가 당면한 위기 상황에서 학생들의 읽기 수준을 좀더 정확하게 알고 싶다면 현재 사용하는 평가 유형에 변화를 주어야 할 것이다.

물론 과학, 역사, 미술 같은 과목들의 경우 대개 표준화된 평가 방식이 없다는 문제도 있다. 그 결과 우리가 이 과목들에 관심을 덜 기울이는 현상이 발생할 수 있다. 측정 가능해야 관리할 수 있다는 말도 있지 않은가.

자원 배분과 관련한 두 번째 문제는 인력이다. 만일 일부 학생들이 원격 수업으로 유난히 학업에 뒤처지는 상태인데 학교에서 학생 수용 인원을 줄였다면(가령 한 교실에 32명이 아닌 16명의 자리만 남겨졌다면) 우리는 필요한 자리를 제공할 수 있을까? 필요에 따라 각 가정을 직접 방문하여 사회적 거리를 둔 채 대면하며 소통할 기회를 줄 수 있을까?

일부 지역에서 이미 이러한 시도를 시작했듯 우리는 분명히 이렇게 해야 할 것이다. 대유행의 물결 후에 학교에 가장 먼저 돌아가야 할 사람은 가장 먼저 돌아갈 필요가 있는 사람일지 모른다.

가르치는 일은 대체로 혼자 하는 운동과 같다. 우리의 바람과 다르게 가르치는 일은 흔히 교사와 학급으로 귀결되며 교사는 스스로 책임을 져야 한다. 온라인 수업으로 말미암아 어느 정도 구조 조정이 일어날 수 있다.

학교 측에서 수업 방향을 다시 고안함에 따라 개인 교사의 역할과 책임도 상당히 변화되어야 한다. 현재 우리에겐 교육 팀의 학습 및 선도 역량을 이례적으로 활용하고 구축할 수 있는 기회가 있다. 따라서 우리는 몇 가지 가능한 인력 배치 모델과 이것의 잠재적 영향을 검토하는 것이 유용하다고 생각했다.

- **교육 협력:** 지금 상황에서 한 교실에 얼마나 많은 수의 학생들이 적합한지 더이상 걱정할 필요가 없다. 물론 화면으로 얼마나 많은 학생들을 한 번에 볼 수 있는지는 중요하지만 말이다. 이 점을 고려할 때 교사들은 다양한 방식으로 자신들의 재능을 결합할 수 있다. 두 교사가 협업하여 한 사람은 모든 비실시간 수업을 맡고 다른 사람은 실시간 수업을 담당할 수 있다.

한 교사가 토론을 촉진하고 학습 내용을 전달하기 위한 계획을 세우면 다른 교사가 채팅을 관리하고 수업 중과 후에 학생들의 과제물을 점검하여 데이터 추세를 분석하는 방식이다.

• **교직원과 보조 교사 지원:** 보조 교사와 제2외국어로서 영어를 가르치거나 특수 교육을 담당하는 전문 교사의 지원을 받는 방안이다. 그들이 뒤처지는 학생들이나 추가적인 도움이 필요한 학생들을 도울 수 있다.

예를 들어 소규모의 학생들이 기술 담당 교사와 함께 비실시간 수업을 시청할 수 있다. 이때 기술 담당 교사가 비실시간 수업에 필요한 지원을 곧바로 해줄 수 있다. 여기에 더해 보조 교사는 수시로 전화를 걸어서 확인하거나 완수한 과제를 문자 메시지를 통해 빠르게 확인하는 식으로 컴퓨터 화면 밖에서도 도움을 줄 수 있다. 이로써 학생들을 격려하고 실수하는 부분에 대해 좀더 면밀한 피드백을 해줄 수 있다.

2020년 봄, 원격 학습을 실험하다

우리는 당분간 2020년의 봄을 잊지 못할 것 같다. 경험, 흥미, 기술에 능숙한 정도가 각기 다른 우리가 모두 원격 학습 부문에서 큰 실험을 시작했던 해였으니 말이다. 모두 머리를 물 밖으로 내민 상태를 유지하려고 발버둥치는 것처럼 느껴졌다. 하지만 이 혼돈의 시기에 온라인에서 가르치고 배우는 것에 대해 몇 가지 중요한 교훈을 배웠다.

첫째, 원격 수업은 교사의 코칭과 성장에 엄청난 가능성을 열어준다. 실시간 수업을 준비하여 교사들은 영상을 촬영하는 능력이 생긴다. 다음과 같은 상황이 가능하다. 노련한 교사가 경험이 부족한 두세 명의 교사들과 팀을 이루어 비실시간 수업을 진행할 계획을 세우고 연습하고 촬영하는 것이다. 필요하면 재촬영하는 과정을 피드백해 주며 그들을 이끌어줄 수 있다.

초보 교사들은 선배 교사들의 실시간 수업에 도움을 주면서 성장할 수도 있다. 예를 들어 초보 교사에게 관찰의 임무를 부여할 수 있다. "어썸 교사가 참여 방식을 어떻게 다양하게 쓰는지 관찰하고 학생들이 개별 과제를 하는 동안 각각의 학생들을 확인해 보세요."

이렇게 초보 교사들은 노련한 선배 교사들과 한 팀을 이루어 그들의 지원과 피드백을 받으면서 처음에는 실시간 수업의 일부를 맡았다가 나중에 전체 수업을 맡을 수 있다.

우리는 수업 영상을 관찰하면서 간결한 언어 사용, 해야 할 일의 명확한 방향, 참여 방식 등의 기술이 온라인 수업에서 더 중요하다는 사실도 발견했다. 이러한 분야에 대해 코칭을 받으면 나중에 교실에서 하는 수업에서도 훨씬 좋은 성과를 낼 것이다.

온라인 수업을 하며 간결한 언어 사용 능력을 연마한 교사는 나중에 교실 수업에서도 이 기술을 지속적으로 잘 활용할 것이다. 우리는 교사들이 기술을 이용할 때 대면 수업보다 온라인 수업에서 더 잘하는 부분들이 있다는 점도 목격했다.

예를 들어 모두에게 보여주기와 무작위 호명을 온라인 수업에서 완벽하게 활용할 수 있다. 교사들이 원격 수업에서 이러한 기술을 쓰는 데 좀 더 편안해지면 예측할 수 없는 한 학년 동안 이 기술을 계속 유동적으로 활용할 수 있다.

우리는 교사들을 훈련하면서 전문성 개발 프로그램이 있어야 한다는 것을 깨달았다. 교육 담당자 훈련(TTT) 워크숍이 효과적이라는 점을 실감한다. 사람들 특히 이동할 수 없는 사람들에게 디지털 방식으로 다가갈 수 있기 때문이다.

사실 앞으로 온라인 TTT를 전문성 개발 프로그램에 추가할 가능성이 높다. 예전에는 호텔 회의실로 이동하기 위해 시간과 비용을 들여야 했다면 이제 다양한 시간대에서 클릭 한 번으로 회의에 참여할 수 있다. 우리는 이틀 동안 진행하는 전문성 개발 프로그램에 변화를 주어 90분짜리 실시간 세미나를 다섯 번 했다.

여기에 더해 영상 분석, 미리 읽기, 실습 등의 비실시간 과제로 세미나를 보완했다. 한편 이러한 실습 영상을 플립그리드를 사용해 녹화해서 우리 팀으로 보냈다. 우리는 이를 통해 성인을 위한 원격 학습 모델의 윤곽도 은연중에 잡을 수 있었다. 이 모델을 조정해서 학생들이나 교사들에게 모두 적용할 수 있다.

코치들과 학교 지도자들이 교사들을 위해 원격 수업 전문성 개발 프로그램을 설계하고 이끌어주면 교사들이 직접 경험을 쌓는 데 도움이 될 것이다. 그러면 교사들 스스로 능력을 키워 온라인 수업을 위한 기술 활용의 본보기를 보일 수 있다.

마지막으로, 2020년 봄에 온라인 수업에서 기존의 교실 문화와 관계를 활용한 것은 성공적이었다. 가을에 맞닥뜨리게 될 문제는 이전의 연결 고리가 부재한 상태에서 어떻게 해야 하는가 하는 점이다. 학교 측은 교사들이 학생들과 가능한 한 연결 고리를 이어가게 만드는 방안을 고려하고 싶을 것이다.

이것이 불가능하다면 모든 학년의 교사들이 서로 협력하고 소통하여 학생들이 좀더 지지를 받는다는 기분을 느끼게 해줄 수 있다. 가령 전년도 교사가 다음 해에 학생에게 페이스타임을 하면서 교사들끼리 해당 학생에 대해 나누었던 대화를 언급할 수 있다. "왓슨 선생님이 네가 지난해에 이야기 수학 문제를 정말 잘 풀었다고 하던데. 올해도 아주 잘 하리라 믿어!"

학교의 신입생들을 대상으로 한 학년의 수업을 처음부터 원격 수업으로 시작하는 교사들의 경우 좀더 큰 문제에 직면하지만 그렇다고 극복할 수 없는 것은 아니다. 교사가 명확하고 일관된 체계와 루틴을 사용해 책임감과 지지가 있는 교실 문화를 장려하면 된다. 또 학생들의 생각에 관심을 기울이면서 그들의 학습에 신경 쓰고 있다는 점을 보여주면 된다. 이렇게 하면 학생들은 선생님과 같은 공간에 있지 않아도 안정감, 성취감, 인정받는 기분을 느낀다.

교사로서
더욱 성장할 수 있는 기회

우리는 '머리말'에서 이 현실에 긍정적인 측면이 있다고 언급했다. 그 희망 가운데 일부는 드러나기 시작했다. 물론 훨씬 많은 부분은 시간이 지나면서 드러나겠지만 말이다.

원격 수업과 이 수업의 보편적인 기술에 대한 우리의 이해도가 커지면서 나타난 이점은 학생들과 같은 공간에 있지 않아도 학생들을 지원하는 능력이 증가했다는 점이다.

가령 집에서 과제를 하거나 아파서 출석하지 못하거나 어떤 이유로 학교에 결석한 학생들은 이제 교사의 지원을 받을 수 있는 자원과 도구가 생겼다. 이전 해에는 개발되지 못했던 자원과 도구이다.

또다른 긍정적인 측면은 온라인에서 수업 영상을 많이 제작할 수 있다는 점이다. 개념을 설명하는 짧은 비실시간 수업 영상이 많이 있다. 이 영상들은 대부분 만료일이 없다.

교사는 이제 학생들과 학부모들이 수업 주제를 명확히 알 수 있게 강의 제목을 지을 수 있다. 그리하여 어떤 학생이든 언제든지 다시 보며 부족한 부분을 보충할 수 있도록 영상을 올려놓을 수 있다. 수업이 길게 중단되는 동안 학습 손실을 줄이기 위해 주기적으로 학생들의 과제를 검토할 수도 있다.

시간과 공간의 장벽이 무너진 상황에서 교육의 가장 희소한 자원 중 하나인 특정 전문 지식을 더 효과적으로 사용할 수 있는 기회가 잠재적으로 열렸다. 많은 학교에서 직물리학, 화학, 고등 수학 같은 분야에 기술적 지식이 있는 교사를 찾는 데 어려움을 겪고 있다.

비교적 큰 도시에 있는 15개 고등학교의 학군을 운영하는데 고등학교 미적분학이나 물리학 지식이 있고 이 분야를 가르칠 수 있는 교사 15명(혹은 30명이나 45명)이 필요하다고 상상해 보라. 온라인 학습 형식의 체계에 익숙한 한 명의 물리학 교사가 수많은 학생들을 대상으로 한두 번의 매우 전문적인 수업을 하는 것이 가능할까? 아니면 좀더 일반적이지만 높은 교육 기술과 지식을 갖춘 과학 교사들과 함께 여러 학교에서 비실시간 수업을 하는 것은 가능할까? 아마 가능할 것이다.

온라인에서 시간이 부족하고 관심을 많이 기울이지 못한다는 사실에는 또다른 긍정적인 측면이 있다. 교사가 어쩔 수 없이 작업 기억의 요구에 주의를 기울이게 되기 때문이다. 이뿐만 아니라 학생들의 주의력에 더 신경을 쓰게 된다.

기억을 통합하기 위해 멈춤 지점을 활용하고, 빈번한 인출 연습을 하며, 인지 부하를 인식하고, 이 모든 요소를 뒷받침하기 위해 확고한 체계와 루틴을 활용하는 것. 원격 수업에서 가장 중요했던 이러한 부분들은 대면 수업을 하는 교실에서도 만들 수 있는 변화이며 잠재적으로 영향력이 큰 변화이다.

교육에서
중요한 것을 지키기

우리가 2020년 봄에 배운 가장 큰 교훈은 이미 아는 것이자 매년마다 다시 깨닫게 되는 것일지도 모른다. 바로 교사와 학생의 관계, 교사가 역량을 키우고 학생들에게 다가서고 학생들의 성장을 돕기 위해 쏟는 노력이 가장 중요하다는 점이다.

우리가 알고 있는 교육 제도는 영원히 바뀔 수도 있고 일시적으로 기능을 멈출 수도 있다. 2025년의 가을은 고사하고 2021년의 가을이 어떤 모습일지 누가 알겠는가. 하지만 우리가 아는 것이 있다.

교사가 수업 계획을 신중하게 세우고 명확한 체계와 루틴을 만들며 학생들의 이해도를 확인하고 거기에 반응해 주면 학생들은 교실에 앉아 있든 집 소파에 앉아 있든 배우면서 성장한다는 점이다. 학생들은 인정받고 있음을, 스스로 가치 있는 존재임을 느끼고 계속해서 배울 것이다. 수업 모델이 어떠하든, 기술이나 장소나 새로운 지침이 어떠하든 말이다.

교사는 무엇보다 학생들을 중심으로 문화를 구축한다. 이 문화를 바탕으로 학생들은 학습 내용을 이해한다. 뿐만 아니라 세상에 대한 인식과 그 안에서 자신의 위치에 대한 인식을 형성한다. 교사와 학생들이 이따금 혹은 항상 동떨어져 있는 상황에서 이렇게 문화를 형성하는 것은 더 어렵다.

하지만 여전히 이는 할 만한 일이다. 특히 우리가 뉴노멀 시대에 보낸 시간에서 얻은 주요 교훈 중 하나가 우리가 형성하는 문화의 중요한 가치를 새롭게 깨달아야 한다는 점이라면 더욱 그렇다.

—에리카 울웨이, 에밀리 바딜로, 더그 레모브

학교에 적용할 수 있는
온라인 수업 구조 모델

부록에는 이 책의 원고 마감일 이후 우리 팀이 나눈 통찰이 담겨 있다. 우리는 책에 이 내용을 담을 수 있어서 뿌듯했다. 본보기 영상과 함께 더 갱신된 내용과 통찰력을 우리의 블로그 'blog:https//teachlikeachampion. com/blog/'에서 확인할 수 있다.

대릴 윌리엄스 교사는 TLAC 팀의 협업을 이끌고 있다. 이 팀에 속한 우리는 학교들과 직접적으로 협력하여 각 학교가 모든 교실에서 수준 높고 공평한 교육에 대한 비전을 달성하도록 돕는다. 대릴 교사는 2020년도와 2021년도 계획을 짜는 학교들과 협력하면서 자신이 새로운 도전에 대해 힘든 결정을 내리는 학교들과 나란히 걸어가고 있음을 깨달았다.

그는 학교에 적용할 수 있는 온라인 수업의 구조에 대한 '틀'을 작성했다. 학교들은 어느 정도 일관성이 필요하다. 수업이 일반적으로 어떠해야 하는가에 대한 모델이 있으면 교사들이 계획을 세우는 데 도움이 된다. 이는 비단 학급 교사뿐만 아니라 특수 교육 교사와 학생들에게 서비스를 제공하는 교직원에게도 해당된다. 그렇다면 일관성과 유연성을 어떻게 통합할 수 있을까?

대릴 교사는 실시간 수업과 비실시간 수업의 가장 큰 난제는 분명 동일하다는 사실을 기반으로 수업 모델을 만들었다. 그것은 바로 피로감, 수업 거르기, 지치는 기분이다. 우리는 학생들에게 얼굴을 직접 보며 하는 상호작용이 필요하다는 점을 안다.

아무리 성인이라도 몇 시간 동안 줌 회의를 하는 것은 힘들 수 있다. 하지만 비실시간 수업 역시 피로감과 동떨어진 기분을 불러일으킬 수 있다. 이메일로 과제물을 내고 인간미 없어 보이는 비실시간 영상을 보는 등 수동적으로 받는 쪽에 있는 학생은 지칠 수 있다.

대릴 교사가 설계한 '틀'의 장점은 온라인 학습을 생산적이고 지속 가능하게 만들기 위한 교육의 두 가지 형태의 균형을 맞추었다는 점이다.

우선 매주 월요일, 수요일, 금요일 9시에 열리는 60분짜리 가상 수업에 맞춰 그가 제안한 내용을 간략히 소개해 보겠다.

이 모델은 고정된 틀이 아니라는 점에 주목해야 한다. 각 학교의 상황과 교사들의 일정에 맞추어 이것을 다르게 적용할 수 있다. 하지만 이것은 생산적이고 지속 가능한 일반적인 구조로 교육의 체계와 관련한 예측 가능성과 일관성을 제시한다.

수업 시작 시간에 학생들과 교사는 실시간으로 출석한 상태이다. 우리는 교사가 끊임없이 상호작용해 주기를 원한다. 그래야 학생들이 연결되어 있고, 자신이 포함되어 있다는 느낌과 책임감을 느끼기 때문이다. 교사는 빠른 글쓰기, 채팅, 무작위 호명, 소회의실에서 짝을 이루어 하는 빠른 토론을 활용하면 좋다.

수업이 시작될 때 학생들은 미소 짓는 교사의 얼굴을 볼 수 있어야 한다. 또한 수업 시작 3분 이내에 적극적인 활동을 해야 한다. 예를 들어 줌 채팅을 통해 질문에 답하기를 할 수 있다. 시작 초반에 '준비물 화면'이 떠야 한다. 그래야 학생들은 수업에 참여하는 데 필요한 준비물을 알 수 있다. 또한 수업이 제대로 계획되어 있고 시간이 중요하다고 인지한다.

이 시점에서 교사는 직접적인 가르침에 초점을 맞추어야 한다. 새로운 내용을 가르치고 소설의 한 구절을 읽고 본보기 문제를 다룬다. 많은 상호작용이 이루어진다. 10분에서 15분 정도 실행한다.

다 같이 수업하면서 서로 연결된 느낌과 책임감을 느끼며 10분에서 15분 정도를 보내면 이제 개별 과제를 할 시간이다. 니키 교사와 에릭 교사가 보여주듯 이 시간은 대부분 '부분적인 실시간 수업'으로 진행된다. 교사는 카메라를 켜두고 학생들을 확인하고 도움을 주어야 한다.

에릭 교사는 학생들이 비록 각자 책을 읽고 있지만 선생님이 자신을 지켜보고 자신의 말에 귀를 기울인다고 느끼게 해줌으로써 이 과정을 훌륭하게 해내었다. 그가 학생들이 지침을 잊어버릴까 봐 화면에 계속 지침을 띄워놓은 점에도 주목해야 한다.

니키 교사가 학생들이 과제를 확실히 이해할 수 있도록 세심하게 질문하는 방식에도 주목해야 한다. 학생들은 과제를 각자 하지만 열심히 한다. 아마 얼마 후 선생님이 무작위 호명을 할 거라고 짐작했을 것이다.

개별 과제를 어느 정도 실행했다면 수업 마무리를 위해 실시간 수업 상태로 돌아가야 할 때이다. 이때 교사는 이해도를 확인하고 개별 과제를 검토하고 학생들이 스스로 좋은 성과를 내도록 돕는 데 초점을 맞춘다.

이는 벤 에서 교사의 수업 영상을 참조하라. 그의 수업에서는 상당한 상호작용이 이루어지며 모든 학생들이 중요한 주제에 대해 글쓰기를 한다. 그는 애정이 담긴 무작위 호명을 한다. 또 소회의실에서 토론이 진행되는 동안 진행 상황을 보려고 한 곳을 방문한다.

	수업 시작 (15분) 오전 9:00-9:15	협력 과제 및 개별 과제 (15분) 오전 9:15-9:30	수업 마무리 (15분) 오전 9:30-9:45	자유 활동 (15분) 오전 9:45-10:00
필수 요소	인사: 다정하고 친절하지만 짧게 한다. 첫 3분 안에 학생들을 수업에 적극적으로 참여시킨다! 새로운 내용을 가르치거나 지난 번에 배운 내용을 좀더 살펴본다. 본보기 문제에 대해 토론한다 (높은 수준의 상호작용). 함께 읽기.	학생들이 개별적으로 혹은 팀원과 함께 과제를 완수한다. 학생은 부분적으로 비실시간 수업을 듣거나 나중에 비실시간 수업을 들을 수 있다. 카메라는 항상 켜놓도록 한다. 학생들이 비실시간 수업을 영상으로 본다. 개별적인 책 읽기.	실시간 수업으로 완전히 돌아간다. 개별 과제를 검토하고 수정한다. 잘못 이해한 부분을 파악한다. 수업 요약(각인시키기). 과제 완수와 제출을 요청한다. 함께 읽기나 다시 읽기.	개별 학생이나 소규모 그룹의 이해도를 확인하거나 다시 가르치기. 과제를 시작하거나 제출하기. 함께 읽기나 각자 읽기. 인출 연습
핵심 화면	'얼굴을 보이게'하여 수업을 시작한다. 준비물 화면: 필요한 준비물이나 수업 개요가 나오는 화면.	개요 화면: 개별 과제에 대한 지침. 수업 내내 시각적으로 보이게 하는 것이 이상적이다.	가능한 한 많은 얼굴이 화면에 보여야 한다.	마무리 화면: 과제를 언제까지 어떻게 제출하는지에 대한 명확한 설명.

온라인 수업 구조 모델

수업 마지막 부분은 이른바 자유 활동 시간이다. 이때 학생들은 과제를 일부 혹은 전부 마무리한 상태이다. 도움이 좀더 필요한 개인 학생을 돕거나 소규모 그룹의 결과물을 확인하는 시간이다. 도움이나 특별한 교육 서비스가 필요한 학생들에게 맞춤형 지원을 해줄 수 있다. 이 시간은 비교적 예측이 가능하기에 수월하게 도움을 줄 수 있다.

어린 학생들은 이 시간에 책 읽기를 더 할 수 있다. 무엇보다 교사는 이 시간에 어떤 과제를 언제까지 어떤 식으로 제출해야 하는지 명확하게 설명해야 한다. 이 자유 활동 시간은 개별 과제를 하는 구간처럼 부분적인 실시간 수업으로 진행할 수 있다. 또는 학생들과 합의하여 완전한 비실시간 수업으로 진행할 수도 있다.

이 모델의 장점은 이러한 개별 구간들의 구조와 이 구간들이 온전히 비실시간 수업으로 채워지지 않는다는 점이다. 에릭 교사와 니키 교사의 개별 과제 시간을 부분적인 실시간 수업으로 진행할 수 있게 만든 공통적인 요소들은 다음과 같다.

- 에릭 교사와 니키 교사 모두 학생들에게 과제를 수행할 일정한 시간을 준다. 그리고 학생들에게 시간이 더 필요한지 묻는다. 시간에 주의를 기울이는 것은 중요하다. 시간이 너무 짧으면 학생들이 과제를 완수하지 못하고 시간이 너무 길면 학생들의 주의력이 흐트러진다.
- 두 교사 모두 학생들이 과제를 마치자마자 검토한다.
- 학생들은 과제를 할 때 노트와 연필을 사용하거나 책을 읽어야 한다. 이 말은 학생들이 화면을 보지 않는다는 의미이다. 이는 굉장히 중요하다. 화면을 보는 시간이 너무 길어지면 뇌에 부담이 간다. 화면

을 보지 않는 이 시간은 뇌를 새롭게 하는 시간이다.

- 두 교사 모두 학생들이 과제를 이해할 수 있도록 실시간 수업에 변화를 준다. 에릭 교사는 학생들이 과제를 하는 동안 참고하도록 화면에 지침을 계속 띄워놓는다. 니키 교사는 "우리가 무엇을 하죠? 우리가 어디에다 써야 하나요?"라고 말하며 과제에 대한 학생들의 이해도를 의도적으로 확인한다. 또한 무작위 호명을 이용하여 질문한다. 그녀는 이때에만 영어를 사용한다.

- 두 교사는 학생들이 온라인 수업에서 원래 주의가 산만해지기 쉽고 집중을 잘 못한다는 점을 상기시켜 준다. 매리언 울프는 이렇게 썼다. '주의산만이 만연한 문화에서 집중하는 법을 배우는 것은 꼭 필요하지만 몹시 어려운 일이다.'

두 교사는 집중력을 강화시키기 위해 일정한 시간 동안 과제를 하는 훈련을 시킨다. 또한 학생들이 그러한 집중력을 유지하는 것에 성실히 책임을 다하게 만든다.

TLAC 기법 용어

인정 대 칭찬(Acknowledge versus Praise): 일상적 행동을 과도하게 칭찬하지 않으면서 학생의 노력을 인정해 준다. 이렇게 해야 모범적인 일에 대한 실제적인 칭찬이 의미가 있다.

분명한 선긋기(Brighten Lines): 수업 활동이나 각 부분 사이의 경계를 강조하는 전환 신호이다. 속도 내기에 도움이 되며 교사와 학생 모두 수업을 더 역동적으로 느끼게 해준다.

이해도 확인(Check for Understanding): 특정 개념, 주제, 수업 내용에 대한 학생의 이해를 나타내는 실시간 정보를 수업이 끝나기 전에 수집해서 평가하는 것이다.

무작위 호명(Cold Call): 교사가 학생이 손을 들거나 자발적으로 참여하는 것과 관계없이 학생을 호명하여 질문하는 것이다. 책임감, 준비, 참여를 독려하는 좋은 방법이다.

함께 만드는 모범 답안(Collectively Worked Example): 학생들과 교사가 어떤 문제나 질문에 대해 같이 만든 본보기 답안이다. 이 과정에서 협력,

겸손, 그룹에 대한 이해가 촉진된다.

읽기 관리(Control the Game): 학생들의 구두 읽기에 초점을 맞춘 관리 기술이다. 이것은 교실 안에서의 책읽기를 더 생산적이고 책임감 있고 효율적으로 만드는 데 도움이 된다.

실수에 관대한 문화(Culture of Error): 학생들이 실수를 하더라도 편안한 기분을 느끼고 실수를 학습 기회로 여기는 온라인 교실을 만드는 것이다.

바로 완수 과제(Do Now): 학생들이 곧바로 완수하는 짧은 활동으로 주로 수업 시작 단계에서 한다. 다 같이 배우기 위해 모였다는 점을 상기시키고 학습에 시동을 거는 데 도움이 된다.

간결한 언어 사용(Economy of Language): 의사소통에서 관련 없는 언어 사용을 피하는 습관이다. 명확한 지시를 하고 더 효율적인 수업을 하는 데 도움이 된다.

모두 글쓰기(Everybody Writes): 학생들에게 토론하기 전 글을 쓰며 생각할 기회를 주는 것이다. 이 활동을 하면 학생들은 까다로운 토론을 준비하는 데 도움이 되고 메모한 내용을 기억해야 할 필요가 없어져 인지 부하가 줄어든다.

참여 방식(Means of Participation): 교사가 적극적인 학생이 수업에 참여하게 끌어줄 수 있는 다양한 방식이다.

긍정적인 말해 주기(Narrate the Positive): 기대를 충족시키거나 그 이상의 성과를 낸 학생들을 호명하여 인정해 주는 행위이다.

속도 내기(Pacing): 까다로운 과제를 수행할 때 열정과 앞으로 나가는 기분을 느끼게 하는 행위이다.

생각하는 비율(Ratio): 수업의 인지적 활동을 학생들에게 부과하는 전략이다. 독립적 사고를 촉진하는 데 중요하다.

인출 연습(Retrieval Practice): 학생들이 이전에 배운 내용을 떠올리고 적용할 수 있게 하는 활동이다.

롤아웃(Rollout): 교사가 자신이 수업에 사용하는 접근법 특히, 새로운 접근법에 대해 그것이 무엇이고 그것을 사용하는 이유를 학생들에게 설명하는 것이다.

모두에게 보여주기(Show Call): 무작위 호명의 한 유형으로 교사가 학생이 필기한 답이나 과제를 학급 친구들에게 보여주는 것이다.

바로 보여주기(Show Me): 학생들이 손짓 신호, 화이트보드, 그 외 온라인 대답하기 도구를 통해 교사에게 자신이 작성한 답의 객관적인 자료를 보여주어 교사가 신속히 평가할 수 있게 하는 방식이다.

멈추고 기록하기(Stop and Jot): 수업을 잠시 멈추고 학생들이 글쓰기 주제에 대해 처음에 든 생각과 아이디어를 기록하는 것이다.

돌아가며 말하기(Turn and Talk): 교사가 소그룹 토론을 촉진하기 위해 요청하는 방식이다. 실제 교실에서 학생들은 말 그대로 서로서로 '돌아가며 말하기'를 한다. 온라인 수업의 경우 채팅창이나 소회의실에서 이 활동이 이루어진다.

대기 시간(Wait Time): 질문을 한 후 대답할 학생을 호명하기 전 일부러 잠시 기다리는 시간이다. 가장 빨리 답을 찾은 학생뿐만 아니라 많은 학생이 참여할 기회가 생긴다.

해야 할 일(What to Do): 온라인 교실이나 실제 교실에서 제시되는 과제의 아주 명확한 방향이다.

|주|

머리말

1. Emily Oster(2020.6.15.), "COVID-19, Learning Loss and Inequality", Parent Data, http://emilyoster.substrack.com/p/covid-19-learning-loss-and-inequality.

3장

1. Daisy Christodoulou(2020). *Teachers vs Tech? The Case for an Ed Tech Revolution*, Oxford, UK: Oxford University press, p.139.

2. 같은 책, p.140

3. 같은 책.

4. 매리언 울프(2019), 『다시, 책으로: 순간 접속의 시대에 책을 읽는다는 것』, 어크로스.

5. Manyu Jiang(2020.4.22.), "The Reason Zoom Calls Drain Your Energy", BBC, https://www.bbc.com/worklife/article/20200421-why-zoom-video-chats-are-so-exhausting.

최고의 교사는 온라인에서 어떻게 가르치는가

초판 1쇄 2021년 7월 20일

지은이 | 더그 레모브, TLAC 팀
옮긴이 | 김은경
펴낸이 | 송영석

주간 | 이혜진
기획편집 | 박신애 · 심슬기 · 최예은
외서기획편집 | 정혜경 · 송하린 · 양한나
디자인 | 박윤정 · 기경란
마케팅 | 이종우 · 김유종 · 한승민
관리 | 송우석 · 황규성 · 전지연 · 채경민

펴낸곳 | (株)해냄출판사
등록번호 | 제10-229호
등록일자 | 1988년 5월 11일(설립일자 | 1983년 6월 24일)

04042 서울시 마포구 잔다리로 30 해냄빌딩 5 · 6층
대표전화 326-1600 **팩스** 326-1624
홈페이지 | www.hainaim.com

ISBN 979-11-6714-006-7